KB204478

| A | Journey | *with* | a | Silent | Prayer |

묵상과 함께 떠나는 여정

건강한 그리스도인의 삶을 위한 묵상

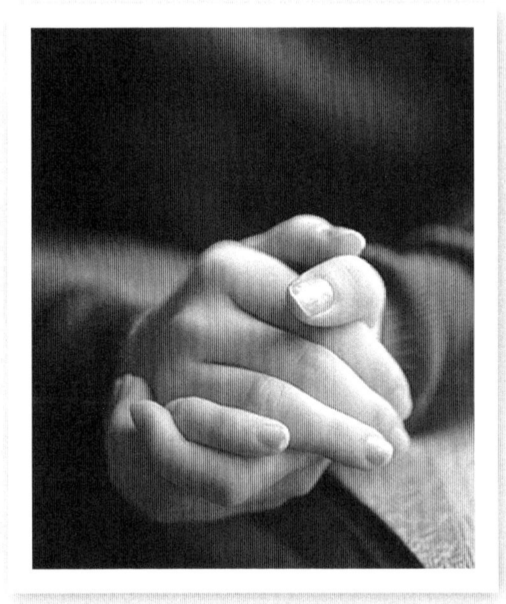

하태식 지음

Loving Touch

A Journey with A Silent Prayer

Jesus Loving Touch Press Printed in Korea

Korean Version Published 2020. 6. 27

Author-Korean *by* Ha, Tae-Sik D.Miss., D.ICS.
Publisher-Korean Version Soo Y. Pae D.G.Miss., D.D.Theol.
Editorial and publication-Jesus Loving Touch Press

Publication Registration
25100-2016-000073(2014.2.25.)
17 (Jugong Apart 1709-203), Deongneung-ro 66-gil,
Dobong-gu, Seoul, Korea
010-3088-0191/ E-mail: pjesson02@naver.com

Requests for information should be addressed to:
Author Contact : Tae Sik Ha D.Miss., D.ICS.
Cell. Phone : Tel. : (+61) 02 9652-0680
Mob. : (+61) 0416 174 318
Managing Director
YWAM 318 Ministry Inc.(YWAM318)
Seoul : 010-3921-3180
www.ywam318.org/ Sydneycollege318@gmail.com
ywam318@hanmail.net

묵상과 함께 떠나는 여정

A Journey *with* A Silent Prayer

추천서

적절한 시기에 중요한 책이 나오게 된 것을 기쁨으로 생각합니다. 세상의 모든 사람은 하나님의 선하심과 자비에 대해 혼란스럽고 의심을 품고 있으며, 그에 대해 많은 질문을 합니다.

나는 이 책이 당신에게 많은 답변을 줄 것이라고 믿습니다. 이 책은 묵상이 우리의 신앙생활에 어떤 영향을 미치는지에 관해 저자가 책 전체에 적용하기 때문에 여러분에게 매우 유익하리라 봅니다. 저자는 하나님의 말씀이 어떻게 우리의 삶을 변화시키고 이 시기에 우리에게 희망을 줄 것인지 이해하도록 매우 명확하게 인도합니다.

저자는 하나님을 사랑하고 그분의 말씀을 사랑하며 하나님의 말씀에 의해 되살아나기를 원한다는 것이 분명합니다. 이 책의 또 다른 장점은 묵상과 성경연구를 결합하여 우리에게 강력한 기초와 꾸준한 믿음을 준다는 것입니다. 그는 초대 교회가 어떻게 명상을 했으며, 여러 시대에 걸쳐 선교사와 증인이 어떻게 세상을 변화시킬 수 있는지 성경 묵상의 힘을 찾게 되었는지에 대해 알려줍니다. 선교에서 말씀의 선포에 대한 그의 강조는 매우 강력합니다.

나는 모든 그리스도인이 이 책을 읽으며 연구하도록 격려하고 싶습니다. 당신은 dl 책을 통해 실망하지 않을 것입니다. 나는 가까운 미래에 영어판을 기대하여 전 세계가 축복받을 수 있기를 바랍니다.

한국 예수전도단 설립자

오대원(David E. Ross) 목사

The timing of this wonderful book is very important. All the world is in confusion and doubt about the goodness and mercy of God, and everyone has many questions. I believe this book will answer many of them for you.

The book is very beneficial to me because the author continues to make application throughout the book, as to how meditation affects our life of faith. He guides us very clearly into understanding how the Word of God will transform our lives and give us hope during this time. It is clear that the author loves God and loves His Word, and desires to be remolded by God's Word. Another benefit of the book is that he combines meditation with inductive Bible study, giving us a strong foundation and a steady faith.

He lets us see how the Early Church practiced meditation, and how missionaries and witnesses throughout the ages, have found power in Bible meditation to change the world. His emphasis on the proclamation of the Word in missions is very powerful.

I would encourage all Christians to read this book. You will not be disappointed. I look forward to an English edition in the near future, so that the whole world might be blessed.

Rev. David E. Ross

인 사 말

하나님은 우리를 창조하시고 보시기에 심히 좋았더라고 말씀하십니다. 아울러 "생육하고 번성하고 온 땅에 충만하라!"(창1:26-28)는 명령을 주셨습니다. 그러나 우리의 그릇된 묵상으로 인하여 하나님과 인생에 대해서 왜곡되어 잘못된 인생을 살아가는 경우가 많습니다. 그러나 우리의 인생을 변화시키고 새로운 경건의 길로 바뀌는 것이 올바른 묵상을 추구하는 삶이라 생각합니다.

저자는 1984년 한국에서 YWAM(예수전도단) 대학생 DTS를 훈련으로 경건을 위하여 묵상하면서 그 훈련을 집중적으로 배우게 되었습니다. 지금까지 나의 삶은 DTS 이전과 이후의 분명한 변화가 있었던 것은 사실이며 훈련 중에서 묵상이 나의 삶의 한 부분이요 평생 내가 쌓아 나가야 할 훈련의 한 부분이라고 생각합니다.

본서는 세속적인 혼란한 삶에서 거룩한 믿음의 삶으로 전환하여 주님께서 원하시는 생활을 알리고 함께 그 길을 갈 것을 권면하고 있습니다.

호주에서 YWAM SYDNEY 318 훈련 학교를 1994년 1월부터 진행하면서 가장 중요한 부분이 묵상 훈련의 부분이라 강조했습니다. 묵상의 기반이 잡히지 않으면 하나님을 왜곡하기 쉽고 하나님을 떠나갈 수 있는 영적 무능(靈的 無能) 지경에 빠질 수 있습니다.

카로이 프락터가 우리 몸의 잘못된 부분을 잡아 주는 일을 하지만 자세가 완전하게 고정되기 위해서는 훈련(training)이 필요합니다. 그러하듯, 우리의 삶을 예수 그리스도에게 고정하기 위해서는 지속적인 묵상이 필요합니다. 육의 양식을 날마다 먹는 것 처럼 매일 말씀을 읽고 기도하는 일이라는 말씀입니다.

이 책이 나오기까지 수고해주신 아테아(ATEA) 매스미디어 위원장 배수영 교수님 수고에 감사를 드립니다. 지금까지 함께 사역해온 선교사역 동역자 아내 정선 목사와 딸 하보라 목사, 그리고 아들 하다니엘 현장선교사에게도 감사를 표합니다.

호주 YWAM SYDNEY 318캠프에서

하태식 목사

목차 / Contents

제3장 묵상과 함께 떠나는 여정-1

제4장 묵상과 함께 떠나는 여정-2

제5장 묵상의 삶의 본 성경 인물과 교회사 인물

제6장 묵상의 삶의 본을 보인 선교사

제7장 그리스도와 묵상의 말씀

제8장 경건의 실천-1

제9장 경건의 실천-2

제10장 경건을 위한 묵상과 자존감

도표 목차

| A | Journey | *with* | a | Silent | Prayer |

말씀의 묵상
묵상의 여정
인물의 묵상
선교적 묵상
그리스도 묵상말씀
경건의 실천
자존감 묵상

*7가지 핵심주제

묵상과 함께 떠나는 여정

건강한 그리스도인의 삶을 위한 묵상

하태식 지음

Loving Touch

제1장
서 론

i. 들어가면서

저자(A writer)는 'YWAM-Youth With A Mission(예수전도단'-한국[1])에서 대학생 **DTS** 훈련[2])을 받으면서 묵상을 제대로 훈련하게 되었다. 이미 초등학교 6학년 때부터 선교에 헌신하여 새벽 기도에 참석하므로 기도는 자신의 삶에 어느 정도 훈련이 되어있었다. 그러나 묵상은 조용하게 침묵을 지키면서 뭔가를 하지 않고 기다린다는 의미에서 보면, 그에게서 묵상 훈련은 성가신 일 중 하나였다. 생각해 보면, 이 자체가 묵상에 적응하는 실천사항 중 일부였을 것이다.

"묵상은 영혼의 언어이며 우리 영의 말이다"_제레미 테일러

ii. 시작-말씀에 대한 시작(being)부터

1. 말씀을 듣는 일-'doing' 아니다. 'being'이다

묵상은 잠잠히 하나님 앞에서 기다리는 것이다. 내가 앞서서 뭔가의 성과를 이루기 위한 일(doing)을 하는 것이 아니다. 하나님이 나에게 무엇이라 말하고, 무엇을 하라고 하는가?(요 8:28). 말씀을 통해서 듣는 시간을 가짐으로 일(being), 말씀이 하라는 대로 행하기 위한 다짐으로서 일하는 것이다.

삼중적 의미의 묵상, 이 의미를 두고 살펴보면 다음과 같은 결론이 도출될 것이다. '묵상으로 준비하는 시간'(Time to prepare for silence), '경건으로 실천하는 시간'(Time to practice with silence), 그리고 '묵상으로 영적인 힘을 받는 시간'(Time to receive spiritual power in silence)이다.

<도표-1> 삼중적 의미의 묵상 - FWI(123)

1-For	2-With	3-In
묵상을 **준비**	묵상 실천을 **동반**	묵상의 능력 **안**

이것은 묵상을 위한 준비(1-for), 묵상을 동반한(2-with) 실천, 그리고 묵상 안에서(3-in) 능력을 공급받은 힘으로 삶의 현장 가운데서 실천하는 삼중적인 의미가 있다.

경건을 힘쓰는 사람은 여기서 제시하는 삼중적 의미를 깨닫고 경건의 삶을 성공적으로 이루기 위해서 묵상에 대하여 입체적 추구를 꾀해야 한다. 우리(자신)는 천국 백성이면서도 천국에 거하지 못하고 지상에 거주하고 있다, 이 세상이란 거친 시험과 고난을 몰고와 우리를 단 한순간도 그냥 놔두지 않는다. 이때 첨단 무기인 묵상기도의 수단을 들고 정면돌파하듯이 경건의 프레임 안에서 묵상기도로 승리해야 하겠다.

2. 묵묵하고 잠잠히 기도

치유와 회복은 마음과 정신을 하나님께 몰두하여 하나님의 현존(現存) 속에서 존재하게 하는 믿음에 바탕을 두는 것이 아닌가? 마음속으로 묵묵히 기도하며(Silent player), 정신을 모아 잠잠하게, 그리고 깊이 생각하며(Deep meditation), 묵상할 때 하나님(시63:5-6)을 바라는 것이다. 하나님이 이루신 일(시77:10-12; 119:27)과 그분의 증거(시119:99)와 그분의 말씀(시1:2; 119:11)을 생각하는 것이다.[3)]

3. '쉐마' - "이스라엘아 들으라!"

삼중적인 묵상을 내면의 변화를 통해 삶의 변화가 일어나는 통로로 사용하는 것이다. 저자가 속한 그룹, YWAM에서는 하나님의 음성을 듣는 것을 중요하게 생각하고 가르친다. 그 근본은 "이스라엘아 들으라!"(쉐마, 신6:4-7)에서부터 시작한다. _'쉐마'(שמע ישראל)는[4)] 하나님이 이스라엘 백성에게 특별히 주신 말씀으로, 수천 년이 지난 지금도 경건한 유대인들은 이 말씀을 문자대로 지킨다. 이 지킴의 의미를 그리스도인으로서 한 번쯤 생각해 보는 것도 경건을 위한 묵상에 매우 중요한 동기부여가 된다.

4. Staying Power의 발생

〈도표-2〉 그리스도의 제자됨 - 묵상의 원리

"건강한 그리스도인은 그의 음성을 듣고 그분
안에 머물러 있으므로
Staying Power가 발생한다"

우리는 예수 그리스도를 '나의 주(主)로 고백한 사람이다. 우리의 정체감은 예수 그리스도 안에 들어가 있는 사람이다(계3:20). 이런 신분의 존재가 어떤 삶의 방식으로 살아야 할까? 우리는 예수 그리스도의 음성을 듣고 마음의 문을 열고 그분이 내 안에 거주하시도록(staying) 허락하면, 그 특유의 힘(Staying power)이 발생한다. 그분-예수 그리스도의 음성을 듣고 믿음으로 산다면, '머무름의 힘'(Staying power)이 솟구치면서 믿음의 근원, 예수 그리스도의 제자됨을 보여 주는 삶의 행위는 구원받은 건강한 그리스도인으로서 당연한 일이 아닐까?

중국 선교의 대부(Godfather)라 불리는 허드슨 테일러는 당시 중국을 선교할 때 자신의 의지나 지식, 재주, 그리고 경험으로 한 것이 아니었다. 예수 그리스도께서 허락하시는 'Staying power'의 믿음의 법칙을 원칙으로 삼는 선교를 지향했다. 하나님의 음성을 듣고 하나님께서 하라고 하는 일을 믿음으로 선교했다(Faith Mission). '믿음의 선교'를 허드슨 테일러가 중국 내지 선교를 하면서 시작했다.

iii. 행함-성령을 통한 말씀 들음

1. 교회(종교)개혁의 5대 핵심

종교개혁자 J. 칼빈이 내세웠던 교회개혁의 5대 핵심 교리

1_오직 성경(SOLA SCRIPTURA)
2_오직 그리스도(SOLUS CHRISTUS)
3_오직 은혜(SOLA GRATIA)
4_오직 믿음(SOLA FIDE)
5_오직 하나님께 영광(SOLI DEO GLORIA)

이처럼 교회(종교)개혁의 5대 핵심교리는[5] 성경의 복과 연결되어 있다. 5대 개혁 교리를 자세히 살펴봐도 그렇다. 그 첫째부터 '오직 성경'이라고 한다.[6] 그리고 이어지는 네 가지 교리 핵심도 그리스도, 은혜, 믿음, 그리고 마지막은 '하나님께 영광'으로 마무리한다.

이 주제들은 기독교의 교리와 신학 사상의 형성에 있어서 단 하나도 생략할 수 없다. 다음의 말씀은 다윗이 복을 받는 조건을 말하고 있는데, 말씀과 철저하게 밀착되어 삶을 이루는 비

결을 말하고 있다. 여기서 주의 깊게 살필 점은, 하나님께서 예비하신 복을 받기 위해 '하지 말아야 할 항목'(What not to do)을 지켜야 그 복이 가능하다는 것이다.

〈What not to do〉
복 있는 사람은 악인들의 꾀를 따르지 아니하며/ 죄인들의 길에 서지 아니하며/ 오만한 자들의 자리에 앉지 아니하고/

그러나 그 복이 이런 조건을 지킨다고 스스로 오는 것이 아니다. '지켜야 할 항목'(What to do)을 지켜야 그 복이 가능하다는 것이다.

〈What to do〉
오직 여호와의 율법을 즐거워하여/ 그의 율법을 주야로 묵상하는도다/

이런 결과가 어떻게 이를 수 있는가? 그것은 다음의 말씀을 간단명료하게 권면하면서 '말씀을 실천한 마침'(A result of practicing)을 제시하고 있다.

〈A result of practicing〉
그는 시냇가에 심은 나무가 철을 따라 열매를 맺으며/ 그 잎사귀가 마르지 아니함 같으니/그가 하는 모든 일이 다 형통하리로다(시1:1-3).

우리 몸은 우리가 무엇을 먹었는가 따라 만들어 진다. 우리 영혼도 날마다 일용할 양식을 취하므로 우리의 영성이 자라서 영혼이(살전5:18) 온전하게 되며 건강한 그리스도인으로 성장하게 될 것이다.

2. '하나님께 영광'-SOLI DEO GLORIA

특히 '하나님께 영광'이라는 주제는 개혁주의 신학의 본산지(本山地), 화란(네델란드)의 신학자, 정치가이며 그는 종교(교회)개혁의 후대(칼빈 서거 후 300년)에 나타난 개혁자이다. 그의 위대한 개혁의 사상과 삶을 남긴 그 발자취에서 '하나님 중심'의 사상을 확고하게 붙들었다.

그리고 그는 로마서 11장 36절의 말씀을 복음을 전하는 곳마다 외쳤다. 물론 이렇게 활동할 수 있는 근원적인 힘은 카이퍼의 새벽 명상에서 엿볼 수 있다. 그때마다 위로부터 말씀으로 성령님을 통해 감동하시는 힘을 받아 "그는 하나님이 창조주이시며, 구속주이시며, 심판주이시라는 것"을 확실히 믿는 하나님 중심의 신학을 가르치고[7] 그에 합당한 삶을 살도록 노력한 것이다.

> "이는 만물이 주에게서 나오고 주로 말미암고 주에게로 돌아감이라 그에게 영광이 세세에 있을지어다 아멘!"(롬11:36).

3. 오직 그리스도(SOLUS CHRISTUS)

결코, 간과할 수 없는 주제는 '오직 그리스도'이다. 기독교에 있어서 모든 비밀의 계시의 핵심 내용을 그리스도로 인정하는 것이 사실이다. 하나님의 계시, 그의 말씀과 복음, 그리스도의 구속과 죽음, 그의 부활과 심판 등은 모두가 예외 없이 예수 그리스도를 근거한다.[8] 오직 그리스도라는 주제는 너무나 당연하다. 누가 이에 항거(抗拒)할 수 있겠는가? 심지어 우리의 영적 정체감 '그리스도인'의 근거는 예수 그리스도를 믿는 그 믿음에 의한

칭의의 복음(The gospel of justification by faith)도 그렇다.9)

오직 그리스도는 기독교의 핵심교리와 사상에 관련된 학문을 깨달은 헤르만 리델보스 박사, 역시 항상 그의 서재에서 성령님의 오묘한 말씀을 깨우쳐 주시는 역사에 사로잡혀 학문 활동에 정진할 수 있었으며 학문의 금자탑을 쌓을 수 있었다. 다음 말씀은 칭의의 복음과 오직 그리스도의 주제를 더욱 견고하게 붙잡게 해주는 말씀이다.

> "이제는 율법 외에 하나님의 한 의가 나타났으니… 곧 예수 그리스도를 믿음으로 말미암아 모든 믿는 자에게 미치는 하나님의 의니 차별이 없느니라 모든 사람이 죄를 범하였으매 하나님의 영광에 이르지 못하더니 그리스도 예수 안에 있는 속량으로 말미암아 하나님의 은혜로 값없이 의롭다 하심을 얻은 자 되었느니라"(롬3:21-24).

4. 말씀으로 휠터링 될 때

존 플라벨이 말했듯이, "우리는 과연 성경으로부터 가장 최고의 삶과 가장 고상한 고난과 가장 유익한 죽음의 방법을 배우고 있는가?" 여기, 성경으로부터 배운다는 '내용'은 최고의 삶, 고상한 고난, 그리고 유익한 죽음의 방법이라 했다. 가장 좋은 최상의 것(The best of the best)을 살아 있는 말씀으로부터 공급받는 것이다. 또 그 '의미'는 뭘까? 아무나 삶을 최고 가치로 나타내거나 고난을 고상하게 겪게 하거나 심지어 죽음까지도 허무하게 마치는 것이 아닌, 유익하게 결말을 낸다는 것은 오직 살아 있는 말씀으로 자신이 '걸러질 때'(When filtered), 가능하다. 무익한 말씀이 아니라 살아 있는 말씀은 죽음까지도 정반대의 결실로 맺어서 풍요롭게 해준다.

5. 묵상의 내용을 되새기며…

영어로 묵상이라는 단어의 동의어(同義語) 가운데 하나가 '되새김질'이라는 단어이다. 오늘 나에게 주신 말씀을 마치 소가 되새김질을 하는 것과 같이 하루종일 묵상의 내용을 되뇌이며 삶의 적용 거리를 찾아가는 것이 바로 묵상이다(수1:8). 말씀의 묵상이야말로 우리가 익혀야 할 가장 기본적인 영적 훈련이다. 먼저 하나님의 말씀을 듣고, 법을 배우고, 그 말씀이 우리를 가르쳐야 우리 안에 뿌리내리게 하는 법을 배우는 것이다.

경건주의 학자 엘리자베스 오코너는 "묵상은 그 주제를 제대로 터득한 사람들로부터 배워야 하는 기술이라는 사실에도 불구하고. 또 교회의 가장 중대한 과제가 하나님의 말씀에 귀 기울이는 것이라는 사실에도 불구하고 교회가 묵상을 가르치지 않는다"고 했다. 묵상의 전통을 교회가 앞서서 가정 먼저 가르치는 것이 중요함을 새삼 깨우쳐주는 권고이다.

유진 피터슨은 영성(靈性)을 말하면서, "영성은 살아 계신 하나님을 향한 깨어 있는 관심이며 공동체 속에서 우리가 하나님을 향해 깨어 있는 관심이며 공동체 속에서 우리가 하나님을 향해 드리는 신실한 반응이다"라고 했다. 묵상은 영성을 동반하는 것이고 그것은 묵상의 대상이신 산 하나님에게 깨어 있으며, 그분을 향하여 신실한 반응을 드리는 것이어야 한다.

6. 말씀의 지배를 받으려면

묵상은 영어로 **QT**-Quiet Time이라는 단어라고 배웠던 것을 기억해 본다. 묵상(Meditation)의 근원은 약(Medicine)으로부터 왔다. 약의 성분이 몸 안으로 들어와 온 전신(全身)에 퍼져 약효를 내듯이, 묵상이란 어떤 한 생각(Imagination)이나 진리가 인간의 내면으로 퍼져가서 그 약이 몸을 치유하고 회복하게 해준다. 묵상은 영(靈)의 말로서 내가 그 지배를 당하고 나를 그 앞에 내어놓을 때 그 말씀으로 치유되고 회복될 수 있다.

말씀이 나를 지배하도록 모두 내놓는 것이다. 묵상의 진정한 의미는 약이 온몸을 지배하듯이 묵상을 통해서 나타나는 말씀이 자신을 지배하도록 내놓은 것이다.

말씀이 가라 하면 '간다'
-When God's word goes, "Go".
말씀이 서라 하면 '서다'
-When God's word stops, "Stop".
말씀이 앉으라 하면 '앉는다'
-God's word sit down, there to "Sit".

"그러므로 너희는 죄가 너희 죽을 몸을 지배하지 못하게 하여 몸의 사욕에 순종하지 말고 또한 너희 지체를 불의의 무기로 죄에게 내주지 말고 오직 너희 자신을 죽은 자 가운데서 다시 살아난 자 같이 하나님께 드리며 너희 지체를 의의 무기로 하나님께 드리라"
(롬6:12-13).

우리가 여기서 상기해야 할 것이 있다면, 항상 말씀의 지배를 받지 못하면 중간 지역에 방치되는 것이 아닌, 거룩성(holiness)과의 이질감에 속하는 세속성(seculaity)에 방치되는 것이다. 그러므로 몸의 사욕(邪慾)에 순종하지 않고 하나님의 의로운(be righteous) 무기로 하나님께 쓰임받도록 하는 것이 묵상을 통한 말씀의 지배를 받는 유익함에 이르는 첩경(a fast road)이다.

적 용

1. Come from-묵상의 근원은 어디로부터 왔스비까?

2. To mean-묵상이란 뜻은 무엇이라 했습니까?

잠잠하게 기다린다는 의미는?
묵상에 대한 무엇을 되새겨야 할까?

3. To learning, realizing-새롭게 배우고 깨닫는 것은 무엇입니까?

Staying power는 언제 발생하는가?
말씀이 자신을 휠터링 되는 시간은?

4. To apply-배운 것을 어떻게 적용해야 할까요?

5. 말씀의 지배를 받으려면 어떻게 하는 것이 좋을까요?

제2장
성경이 말하는 경건과 묵상

i. 경건과 묵상의 정의

1. 영성과 경건

1) 영성의 용어를 경건으로 사용

경건(piety)의 용어를 연구하게 되면 영성(spiritualitas)이란 용어의 기원을 살피게 된다. '영성'의 용어는 중세부터 사용된 관계로 중세기의 종교 개혁자들의 영성의 용어를 사용하는 것을 피하고 '경건', '헌신'이라는 말로 대신하고 있기도 하다.[10)]

'경건'의 용어는 20세기 개신교 즉 대부분 복음주의 기독교인에 의해서 사용되었다. 개인 성경공부 혹은 개인 경건을 위한 단어로 불렸다. 릭 워렌은 경건은 아침을 깨우기 혹은 하나님과 약속이라고 불렀다.[11] 빌리 그래함은 경건의 시간은 3가지 요소 즉 '기도', '성경 읽고', 그리고 '명상'으로 구성된다고 한다. 그는 또 그리스도인들의 묵상일지와 함께 3요소들을 언급하고 있다.[12]

실제로 교회사에서 이 용어를 최초로 사용했던 사람은 5세기 초에 '위-제롬'(Pseudo-Jerome)이다. 9세기 들어 '칸디두스(Candidus) 수도사가 이원론적인 육체와 물질의 개념으로 사용했다. 그리고 17세기부터 20세기에 걸쳐 존 오웬(John Owen), 스펄젼(C.H. Spurgeon), 그리고 워필드(B.B. Warfield)의 저서들에서 이 이 용어의 사용이 확인되고 있다.[13]

2) 경건은 교회 공동체에서 사용하는 보편적 용어

'경건'이 성경 신학적인 용어라면, '영성'은 변증적이고, 예전(禮典)에서 문화까지 망라한 문화의 의미가 함축된 신학적인 용어라 할 수 있다. 화란 개혁주의자가 주창한 신학 중에서 흐라플란트(C. Graafland)가 이러한 견해를 같이하고 있다.[14]

'경건'은 교회 공동체 안에서 단순하게 쓰이는데서 자연스러운 정서가 조성된다. 그러나 변증적인 용도로 쓰기에는 언어적 한계가 있으며, 신앙의 건전성을 판단하는 의미로서의 '불건전한 경건' '건전한 경건' 등의 표현이나, 종교의 속성을 규정하고 비교하는 '기독교적 경건'은 자칫 잘못하면 다른 종교와의 구별되지 못하므로 어색할 수도 있다고 본다.[15]

3) 경건은 기독교 전반의 문화적인 용어

그러므로 경건과 동일한 신학적인 의미로 사용되는 영성은 하나님을 만남에 있어서 마음의 내적 구원 체험뿐만 아니라 성향이나 행동에 있어서 전체적인 삶의 분위기를 포함하고 있다. 예를 들어 사회생활에서의 태도나 윤리적, 사회적 행동들까지 포함한 생활 방식(way of life), 곧 전체 문화생활과 관계된다고 생각하고 있다.[16]

이에 대하여 청교도 목사 아더 핑크(A. W Pink)가 그리스도인들이 자신을 예수와 동일시하려는 것의 위험을 경고한 것도 이런 점과 무관치 않다고 말했다. "대부분의 주의 백성들의 큰 실수 중 하나는 오직 예수 그리스도 안에서만 발견되는 속성과 행동 등에서 그리스도인들은 자신에게서 발견하려고 하는 기대이다".[17]

2. 실천적 묵상의 의미

1) 묵상의 의미

묵상은 그 유래(由來)에 있어서, 히브리어 הגיון'히가욘'(higayon)에서 찾을 수 있다. 이 단어의 의미는 '묵상하다'의 동사를 포함하여 번역한다. 히브리어 구체적으로, "중얼거리다", "신음 소리를 내다", "속삭이다", "숙고하다", "반복해서 말하다", "깊이 생각하다".[18] 그리고 "비둘기같이 슬피 운다"(사59:11)까지 아주 많은 의미를 전달해 주고 있다. 이와같이 여러 의미들에서 묵상의 진정함을 깨닫게 된다.

위에서 소개한 두 가지 단어는 세상 속에서 하나님이 하신 일(시 143:5, 145:5), 하나님의 말씀을 계시하며(시119:15, 23, 27, 48, 78, 148) 그에 대한 묵상에 대한 것을 증명해 주고 있다고 보면 될 것이다. 어떤 경우는 토라, 즉 하나님의 율법을 묵상하는 경우, 여호수아가 묵상에 대한 모범을 보이며 소리 내어 읊조리는 것을 포함한다.

> "이 율법 책을 네 입에서 떠나지 말게 하며 주야로 그것을 묵상하여 그 안에 기록된 대로 다 지켜 행하라"(수1:8).

2) 신의 성품에 참여-개인적 인격 변화

묵상하려는 훈련자는 여호수아에게 하나님께서 말씀하신 것처럼 반드시 지키려는 순종이라는 신앙의 덕목(德目)이 수반되어야 하지 않겠는가? 그의 모범처럼 묵상에 대한 실천이 따를 때, 영적 축복이 보장된다. 묵상을 통하여 강조되는 것은 신의 성품에 참여하여(Participate in the divine nature) 그에 수반되는 개인 인격의 변화(personal personality change)가 따라온다.

선교는 외향적이요 진취적이고 도전적이라면, 묵상은 내향적이며 내면의 세계를 다루는 일이며 인격과 성품을 다루는 일이다. 캐나다 노바스코샤의 캔 브라이슨(ken Bryson) 철학자는 "구약의 묵상은 침묵을 지나 말씀의 영성, 즉 토라의 계율, 법규, 약속, 그리고 명령 안에서 사는 것으로 나아 간다"고 했다.
그래서 선교의 사역이나 확장의 역사는 묵상의 내면적인 인격의 변화로 시작하여 신의 성품에 이르므로 이뤄질 수 있다. 묵상의 거룩성을 지향함으로 세속성을 능가하여 선교의 대업을 완성시켜 가야 한다.

ii. 성경이 말하는 묵상

역사적으로 하나님께서 사용하신 사람들에게는 공통점이 있다. 그들은 한결같이 묵상의 삶을 영위했으며, 묵상을 통해 하나님의 음성을 들었고, 실천(순종)했다.

1. 성경이 요구하는 묵상/ 음성(들음)/ 실천(순종)

〈도표-3〉 묵상 / 음성 / 실천

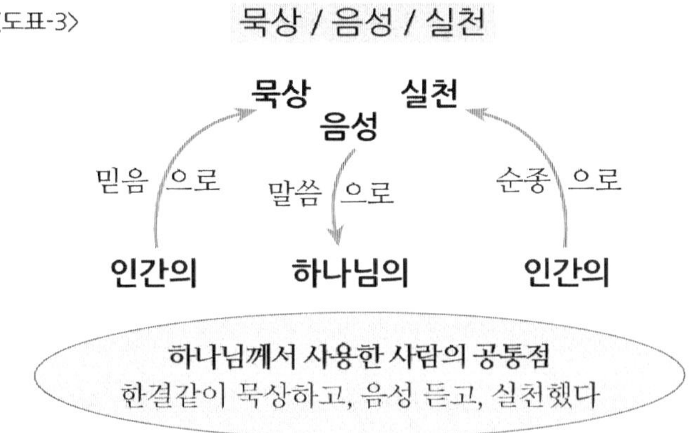

더욱 성경에서도 이를 증거해 주고 있다. 먼저 인간이 믿음의 바탕 위에서 묵상을 통해 하나님을 대면해야 한다. 그리스도인의 경건은 묵상을 시작하면서 이뤄진다. 다음 하나님께서 묵상을 통해 만나고자 원하는 그리스도인에게 말씀으로 음성을 들려주신다. 여기서 흡족한 응답이 되도록 성령님께서 개입해 주시는 상태에서 말씀의 음성이 들려질 때 묵상하며 하나님과 깊은 관계로 돌입하는 것이다.

끝으로 말씀대로 사는 순종이 따라와야 할 것이다. 듣는데서 그치거나 실천하지 못하면 마치, 바리새인과 서기관 같이 주님의 책망이 쏟아지게 된다. 묵상은 그의 말씀대로 실천(순종)하면서 세상이 감당하지 못할 능력있는 그리스도인의 삶이 열매로 맺어질 것이다.

2. 주야로 묵상 후 지도력 행사

모세가 죽자 이스라엘 백성은 30일 동안 애곡했다(신34:8). 모세 다음으로 후계자가 된 여호수아에게는 많은 두려움, 염려, 근심 걱정이 있었는데, 과연 모세처럼 이 백성이 나를 순종하고 따를까 하는 것이었다. 그것은 지도력인데 하나님께서는 두려워하고 염려 걱정하는 여호수아에게 두려워 말고 주야로 나를 묵상하라고 권면하신다.

> "이 율법책을 네 입에서 떠나지 말게 하며 주야로 그것을 묵상하여 그 안에 기록된 대로 다 지켜 행하라 그리하면 네 길이 평탄하게 될 것이며 네가 형통하리라"(수1:8).

지도력과 두려움으로부터 자유롭게 된 비결 중 하나가 하나님 말씀을 묵상할 것을 주문하고 계신다. 구약에서 '묵상하다'라는 단어는 '히가욘'이며, 묵상하는 사람은 이 단어에서 몇 가지 의미를 이해하면서 묵상을 실천해 가야할 것이다.

3. 하나님과 대화한다

하나님과 친밀한 관계를 유지하기 위해 묵상을 한다. 흔히 하나님과 대화 한다. 독백 혼자 말하는 것이 아니라 대화라는 것은 상대방과 서로 말을 주고받는 것이다. 하나님과 대화를 하려면 하나님의 음성을 듣고 하나님의 생각을 이해해야 한다. 어떻게 하나님의 음성을 듣는가? 기록된 하나님의 말씀을 통해서이다. 하나님의 말씀을 읽지 않고 하나님과 대화한다는 것은 신뢰할 수 없다. 하나님께 기도만 할 것이 아니라 조용히 하나님의 말씀을 읽고 하나님의 말씀을 들어야 한다. 묵상은 하나님의 음성을 듣고 하나님과 대화하는 것이다.

하나님과 교제하는 시간이 적다는 것은 그만큼 하나님을 위해서 하는 일도 적다는 의미이다. 왜냐하면 하나님은 당신의 뜻 안에서 그의 뜻을 성취하기에 하나님과 깊은 교제가 없는 사람은 아무리 바쁘게 하나님의 일을 한다 해도 영적으로 성과가 없는 결과를 얻게 된다는 것을 말해주고 있다(눅10:41).

4. 예배(경배)한다

הגיון '히가욘'(시19:14)는 '예배한다', '경배한다'는 뜻을 담고 있으며, 묵상은 하나님의 말씀을 읽고 그 말씀대로 사는 삶을 말한다. 이것을 우리는 '산 제사'라고 하며, 삶으로 예배하는 것이 산 제사를 실천하는 것이다.

> "그러므로 형제들아 내가 하나님의 모든 자비하심으로 너희를 권하노니 너희 몸을 하나님이 기뻐하시는 거룩한 제사로 드리라 이는 너희의 드릴 영적 예배니라"(롬12:1~2절).

1) 노아-생활에서 순종

묵상을 통하여 예배하며 살았던 성경의 인물 노아에게 어느 날 하나님이 노아에게 방주를 지으라고 말씀하셨다(창6장). 노아는 그날부터 120년 동안 방주를 지었고 950세에 죽었으므로 인생의 팔분의 일을 방주 만드는 일에 사용한 셈이다. 우리가 70~80년 정도 산다고 볼 때 우리 인생의 팔분의 일은 10년 정도가 된다.

어느 날 하나님이 나타나서 "나를 위해 이름도 빛도 없이 선교현장에서 가서 네 인생의 팔분의 일인 10년을 사용하라"고 하신다면 어떻게 반응하겠는가? 노아는 믿음의 사람이었다. 하나님을 말로만 믿은 것이 아니라 삶으로 예배하며, 산제사를 드렸다. 그는 하나님이 자신에게 명하신 것을 다 행한 것이다(창6:22; 롬12:1-2).

2) 다윗-생활에 나타난 사랑의 고백

사무엘에게 이 새의 아들 중에서 왕으로 정해 놓은 사람이 있으니 가서 기름을 부으라고 하셨다. 그 사람이 바로 다윗이다. 사도행전 13장22절 "다윗을 왕으로 세우시고 증거하여 가라사대 내가 이새의 아들 다윗을 만나니 내 마음에 합한 사람이라."

다윗은 목동이었으나 하나님이 다윗을 보니 마음에 합한 자였다. 하나님 마음에 쏙드는 존재였으니 다윗에게는 얼마나 이 사실이 위대한 것인지 그의 고백을 들어봐도 이해가 된다. 그리고 다윗이 목동일 때 쓴 시(詩)가 의미심장하게 다가온다.

다윗이 자신의 삶 속에서 묵상을 통한 고백에서 그는 주를 갈급하게 찾는데, 그것은 그의 영혼의 갈급을 말하고, 다음은 묵상의 진수(眞髓)인 열납함으로 마침내 주님을 자신의(나의) 목자로 삼는다.

Desire - 영혼의 갈급
"사슴이 시냇물을 찾기에 갈급함같이 내 영혼이 주를 찾기에 갈급하나이다"(시42:1).
Accept - 마음의 묵상 열납
"내 입의 말과 마음의 묵상이 주의 앞에 열납되기를 원하나이다"(시19:14).
Shepherd - 나의 목자
"여호와는 나의 목자시니 내가 부족함이 없으리로다"(시23:1).

3) 다윗의 관심사

비록 다윗은 나이가 어린 목동의 때나 국왕이 되었을 때도 그의 최고 관심사는 하나님이었다. 다윗, 그는 들판에서 목축과 함께 하면서 자신의 영혼의 갈급은 주를 찾는 것이라 했다. 따라서 자신의 입으로 나오는 말과 마음은 주를 향한 묵상을 하면서 주님께 온전히 드려지기를 소원하고 있다. 그 결과 그는 자신의 부족이 전혀 없다고 고백하고 있다. 주님께서 자신의 목자가 되시기에 그렇다는 것이다.

하나님은 그런 다윗을 "내 마음에 맞는 자"라고 하셨다. 다윗은 하나님을 진정으로 사랑했다. 하나님은 이스라엘 사람들에게 명하였다. 신명기에서 명하신 말씀 안에서 찾는 교훈의 의미는 다시 후대 이스라엘 백성에게 하는 듯 하다.

"너는 마음을 다하고 성품을 다하고 힘을 다하여 네 하나님 여호와를 사랑하라"(신6:5).

4) 말씀대로 사는 예배자를 찾음

하나님의 말씀을 손목에 매고, 이마에 붙이고, 문설주와 바깥 문에 기록해서 암송하라고 하셨다(신6:8~9). 하나님을 사랑하는 것이 가장 중요하기 때문이다. 하나님에 대한 사랑 없이하는 모든 행위는 진정한 예배라고 할 수 없다. 사랑과 믿음으로 하지 아니한 모든 것이 죄라고 했다(롬14:23). 하나님은 자기를 위해 일하는 사람(worker)이 아니라 하나님의 음성을 들으며 그의 말씀대로 사는 예배자(worshiper)를 찾으신다(요4:23-24). 묵상은 하나님의 말씀대로 사는 삶의 예배를 드릴 때 완성되는 것이다.

5. 말씀으로 채운다

"내가 천사에게 나아가 작은 책을 달라 한즉 천사가 가로되 갖다 먹어 버리라 네 배에는 쓰나 네 입에는 꿀같이 달리라 하거늘 내가 천사의 손에서 작은 책을 갖다 먹어 버리니 내 입에는 꿀같이 다나 먹은 후에 내 배에서는 쓰게 되더라"(계10:9-10).

하나님 말씀의 묵상은 하나님의 진리를 마음에 새기는 영적인 노동이다(신11: 18; 32:46,47; 잠3:3,7:1-3). 영적인 말씀과는 반대의 이질적(異質的)인 육체에 거룩한 하나님의 말씀으로 채우고 새긴다는 것은 그야말로 순리적이지 못한 것이다. 이런 구조적인 사실을 두고 진정 묵상을 추구하는 인간은 이질감을 극복하고 동질감을 갖도록 영적인 최선의 노력을 경주해야 할 것이다.

> "오늘 날 내가 네게 명하는 이 말씀을 너는 마음에 새기고"(신6:6).
> "아버지가 내게 가르쳐 이르기를 내 말을 네 마음에 두라 내 명령을 지키라 그리하면 살리라"(잠4:4).

6. 마음을 깨끗이 한다

'하가' הגה 시1:2의 '묵상'의 단어에는 '마음을 깨끗이 하다','정결케 하다'라는 뜻이 있다. 그러므로 묵상이라는 것은 마음에 있는 더러운 생각이나 불필요한 생각들을 제거하고 하나님의 말씀으로 정결케 하는 것이다. 마음이 정결케 되면 행실도 깨끗해지는 것은 자명한 사실이다. 행동은 마음에서 비롯되는 것이다. 행동은 마음의 결과라는 말도 있다. 다음의 말씀은 묵상을 갈구하는 그리스도인에게 좋은 가이드 역할을 해줄 것이다.

> "청년이 무엇으로 그 행실을 깨끗하게 하리까 주의 말씀을 따라 삼갈 것이니이다"(시119:9).
> "하나님의 말씀과 기도로 거룩하여 짐이니라"(딤후4:5).

7. 되풀이한다(무한계)

1) 암소의 되새김질 같이

묵상이라는 단어는 무언가를 계속 되풀이해서 말하거나 생각하는 것을 말한다. 특별히 '하가'라는 단어는 호랑이의 으르렁거림이나 비둘기의 '구- 구-'하는 소리와 어원이 같다. 휴먼 미첼 박사는 인도에서 오랫동안 살면서 암소가 되새김질하는 것을 주의 깊게 살펴보았다. 타이머를 가지고 소가 어떻게 되새김질하는가를 측정했는데 55초 동안 씹어서 삼키고, 다시 음식물을 끄집어내어 너무도 정확하게 1초도 틀리지 않고 되새김질하더라는 것이다.

2) 아침 묵상의 말씀을 하루 동안 되풀이 해야함

성경이 말하는 묵상은 바로 하나님의 말씀을 "네 입에서 떠나지 말게 하여…"라는 여호수아 1장 8절의 말씀처럼, 하나님의 말씀에서 가르치는 교훈을 입으로 되새기며 자신의 일상생활에 연관해서 그 말씀을 생활의 모든 영역에 적용하고, 따르는 삶을 성경 묵상이라고 성경은 가르치고 있다.

다윗은 시편 19편 14절, "여호와여 내 입의 말과 마음의 묵상이 주의 앞에 열납되기를 원하나이다"라고 했다. 묵상은 단순한 성경 지식을 얻는 것이 아니다. 아침에 읽은 말씀을 생각하고 계속 되풀이하여 결국, 내 몸의 한 부분이 되게 소화해야 한다. 이것은 묵상의 한 일부분이다. 하나님과 대화하고, 말씀이 내 것이 되도록 되풀이하고, 말씀의 영향이 삶에 나타나도록 하는 것이 진정한 묵상이다.

3) 하나님이 쓰신 성경 인물의 묵상

구약성경에 하나님께서 쓰신 사람들은 모두 경건을 위한 묵상을 했다. 다윗은 왕위에 오르기 전부터 들판에서 묵상했고, 여호수아는 이스라엘을 이끄는 지도자가 되기 전부터 묵상했고, 사무엘은 제사장이 되기 전부터 하나님 앞에 무릎을 꿇고 그분의 음성을 들었다.
신약성경에도 묵상하는 사람들이 있었다. 예수님의 제자들도 묵상을 했고, 심지어 하나님이신 예수님도 묵상했다. 신명기 6장 5절과 시편 40편 8절을 볼 때 하나님의 말씀을 왜 마음 판에 새겨야 하는가?

> "나의 하나님이여 내가 주의 뜻 행하기를 즐기오니 주의 법이 나의 심중에 있나이다 하였나이다"(시40:8).

iii. 기독교 묵상의 진수

'듣고 실천함'

> 모세는 하나님의 광야에서 하나님의 음성을 듣고 순종하는 법을 배웠다. 모세는(출33:11) 하나님의 얼굴을 대면한 사람이지만 이스라엘 백성들은 그렇지 못했다.

모세의 묵상의 경건 훈련의 모범 6단계를 다음같이 나열해 본다.[19)]

1. QT & Place _묵상은 조용한 시간과 장소를 정함
2. Encountering_묵상은 하나님을 일대일로 만남
3. Through the Word_묵상은 성령의 인도로 말씀으로 통함
4. Listen & Practice_묵상은 하나님 음성을 듣은대로 실천함
5. Sharing_묵상은 실천한 것을 서로 나눔
6. Mature Christian_묵상은 성숙한 그리스도인이 되는 경건 훈련함

〈도표-4〉 **신약 성경의 구속사역 단계 12가지**

묵상으로 도출한 사역과 기적

Before - Redemplective Ministry

- 12-1 예수 그리스도의 도성 인신(마1:18-25, 눅2:1-7)
- 12-2 세례 요한의 출현(마3:1-2, 막1:2-8, 눅3:1-9, 요1:19-23)

Begining - Redemplective Ministry

- 12-3 예수 그리스도의 공생애 하나님의 나라 전파 시작 (마4:17,23 막1:14-15, 눅4:14-15)
- 12-4 위대한 산상 보훈(8가지 복, 마5:1-12)
- 12-5 십자가 대속(마27:32-50, 눅23:26-43, 요19:17-27)
- 12-6 부활(마28:1-10, 눅24:1-12, 요20:1-10)
- 12-7 승천(막16:19-20, 눅24:50-53, 행1:9-11)
- 12-8 12제자 양육과 파송(마10:5-15, 막6:7-13, 눅9:1-9
- 12-9 마지막 지상 명령(마28:18-20, 막16:14-18, 눅24:36-39, 요20:19-23, 행1:6-8)

After - Redemplective Ministry

- 12-10 오순절 성령 강림-마가 요한의 다락방(행2:1-13)
- 12-11 초대 교회를 조직함-7집사를 세우다 (마4:18-22, 막1:16-20 눅5:1-11)
- 12-12 초대 교회가 핍박을 당하다-복음 확장 (행7:54-60.8:1-8)

적 용

1. 실천적 묵상의 의미로서 여호수아 1:8의 교훈은 무엇인가요? 그 말씀이 주는 교훈을 '본문 관찰'/ '해석'/ '교훈'/ '적용'의 단계로 묵상을 시도해 보세요.

2. 묵상을 당신의 말로 정의한다면 어떤 표현이라고 생각하십니까? 만약에 본장에서 말하고 있는 묵상의 의미와 자신이 실천했던 묵상 방법과 비교해 볼 때 어떤 차이점이 느껴지십니까?

3. 성경이 요구하는 묵상 3가지 주제를 생각하면서 그에 대한 답변을 정리해 보십시오.

4. 예수님의 묵상의 모습은 어떤 모습인가요?

5. 우리(자신)에게 깨닫도록 교훈한 것은 어떤 부분인가요?

6. 모세는 하나님의 음성을 듣는 묵상을 위해 어떤 생활을 했습니까?(출33:11).

제3장

묵상과 함께 떠나는 여정-I

i. 묵상에 대한 실례

1. 세속성에서 거룩성으로

구원 받은 하나님의 백성이 천국에 거주하지 않고 세상에 살고 있는 삶의 상태가 현재 그리스도인에게 처해진 환경이다.
세계를 변화시킨 영적인 운동들이 그동안 여럿 있었다. 그중 하나가 1882년 영국 캠브리지대학의 후퍼(Hooper)와 도르톤(Thornton)등 몇몇 학생들이 시작했던 경건훈련 운동이다. 이들은 자신들이 그리스도인임에도 불구하고 마음과 생활이 세속성(secularity)에 근거한 "세속적인 경향"으로 꽉 차 있는 것을 발견하고, 회개하면서 해결방법을 찾기 시작했다.

거룩성(holiness)을 유지하기 위해서 그들이 찾아낸 방법은 "하루 생활 중 얼마 정도를 성경 읽기와 기도로 보낸다"는 것이다. 그들은 이것을 '경건의 시간'(Quiet Time)이라고 불렀고, "경건의 시간을 기억하자!"(Let's remember Quiet Time!)라는 슬로건을 외치며 신앙생활을 영위해 나갔다.

경건 시간을 정기적으로 이어나갔던 캠브리지대학의 7인은 결국 중국 선교사로 헌신했고 평생을 하나님과 동행하면서 주님의 사역을 감당했다. 후에 이들의 경건 훈련방법인 "경건의 시간"(Quiet Time, 약칭 Q.T)을 여러 사람이 사용하기 시작했으며, 그에 따라서 놀라운 영적 능력이 계속 나타났다. 이것이 수많은 선교사, 설교자, 그리고 사역자들의 영성을 뒷받침하는 경건 훈련방법인 QT의 역사이다.

나무의 비유 _ 나무는 보이는 부분과 보이지 않는 부분으로 되어있다. 나무 생존을 뿌리가 보존하는 것처럼 묵상의 삶을 통해 뿌리를 견고하게 만드는 삶이다.

2. 묵상으로 내공 쌓음

태국에 어린이 축구팀이 동굴에 갇힌 사건이 벌어졌다. 코치의 리더십이 17일 동안 동굴에 있었던 12명의 아이들 살렸다. 국제적으로 구조의 손길을 함께 연합했다. 갑작스런 폭우로 동굴 안에 수위가 불어나자 소년들을 경사지 위로 피하게 했고, 고인 물을 먹지 못하게 하고 천장에서 낙수된 물을 먹게 했으며, 작은 식량을 조금씩 나누어 먹게 했다. 밀려드는 두려움과 공포에서 자유 하도록 했다. 오히려 희망과 꿈을 주고 격려했다.

코치 에까뽄 찬따웡세가 25세 젊은 나이이지만, 이런 영웅적인 행동을 할 수 있었던 동기는 수도 생활에서 쌓인 내공(內功) 때문이라 한다. 그의 과거 10년 동안 수도승 생활 내공이 어린 선수들을 구조할 수 있었다. 코치가 수도승으로 내공이 쌓였다면, 그에 비해 우리는 어떤가? 살아계신 하나님 말씀을 통하여 묵상으로 내공이 쌓이면 차원이 다른 놀라운 생명의 역사가 일어나지 않을까?(2018.7.11.).

ii. 경건으로 이끄는 유익함

1. 묵상하면 생각나는 3가지 단어

1) Open eyes - 마음의 눈을 열라!
2) Focus set - 생각의 초점을 맞추라!
3) Fill up - 마음에 말씀으로 채우라!

"내 눈을 열어서 주의 법의 기이한 것을 보게 하소서"(시119:8).

1) 마음의 눈을 열라

우리가 묵상하는 가운데 "지성과 마음과 의지를 연결하는 통로가 열린다. 지성으로 받아들인 것이 마음에 들어가고 . 의지를 거쳐 행동에 이른다. 묵상은 하나님에 대한 지식에서 하나님을 아는 지식으로 건네주는 다리다. 묵상 할 때 우리는 생각으로 진리를 감지하는 수준을 넘어서서 전 존재로 성경 말씀을 찾기 시작한다.

| 묵상하는 자의 의뢰

“밤에 부른 노래를 내가 기억하여 내 심령으로, 내가 내 마음으로 간구하기를…”(시77:6).

[묵상자가 밤새워 찬양했던 내용을 기억하면서 마음, 중심으로 기도함]

| 응답하는 분의 예고

“보아라, 내가 문 밖에 서서, 문을 두드리고 있다. 누구든지 내 음성을 듣고 문을 열면, 나는 그에게로 들어가서 그와 함께 먹고, 그는 나와 함께 먹을 것이다”(계3:20).

[묵상자가 먼저 기도하기 전, 주님께서 이미 답을 가지고 준비하심]

2) 생각의 초점을 맞추라.

유대인 성경학자 카플란은, “모든 사람에게는 지금까지 자신에게 일어났던 모든 것을 기억하고 자신을 둘러싼 모든 사건을 인식할 수 있는 타고난 능력이 있다”는 사실을 상기시켜 주었다. 사진 작가가 초점을 잘 맞추면 자신이 원하는 좋은 사진이 나오는 것처럼. 묵상도 그분에게 초점을 맞추면 좋은 결과가 나오게 된다. 이 원리는 오늘 태양이 지면, 내일 아침 어김없이 태양이 떠오르는 것과 다를 바 없다.

3) 마음을 채우라.

묵상은 생각과 마음을 하나님의 말씀으로 채우는 것이다. 하나님의 말씀은 어떤 말씀이든지 하나도 버릴게 없지만, 다음 제시되는 말씀은 세속사회 속에 거주하는 우리(자신)를 경건으로 이끄는 유익함을 제공해 주고 있다.

-입체적인 채움

"믿음으로 말미암아 그리스도께서 너희 마음에 계시게 하시옵고 너희가 사랑 가운데서 뿌리가 박히고 터가 굳어져서 능히 모든 성도와 함께 지식에 넘치는 그리스도의 사랑을 알고 그 너비와 길이와 높이와 깊이가 어떠함을 깨달아 하나님의 모든 충만하신 것으로 너희에게 충만하게 하시기를 구하노라"(엡3:17-19).

-입체적인 채움의 결과/ 사랑의 능력으로 채움

묵상으로 마음의 초점을 예수 그리스도께 고정하면서 우리(자신)의 마음 속에 그분이 임재하여 머무를 수 있도록 기도한다. 그 결과 우리(자신)가 그리스도의 사랑 속에 뿌리내려서 포지션을 유지할 수 있다.

나아가서 묵상은 교회 공동체 모두가 그리스도의 사랑의 능력을 '너비'와 '길이'와 '높이'와 '깊이'의 입체적으로 깨달아 얻는 유익함에 이르게 된다. 이 같은 영적 무기가 영적 전투를 하는 그리스도인에게 장착되면 그야말로 최강의 성도가 되는 것이다.

그러므로 이러한 강력한 영적무장이 묵상하면서 하나님의 것으로 채우는 것이어서 이를 위해 애를 써야 할 것이다.

-그리스도 평안의 제어함

"그리스도의 평강이 너희 마음을 주장하게 하라 너희는 평강을 위하여 한 몸으로 부르심을 받았나니 너희는 또한 감사하는 자가 되라 그리스도의 말씀이 너희 속에 풍성히 거하여 모든 지혜로 피차 가르치며 권면하고 시와 찬송과 신령한 노래를 부르며 감사하는 마음으로 하나님을 찬양하고"(골3:15-16).

-그리스도 평안의 제어함의 결과/ 한몸으로서 버팀목

묵상으로 경건의 유익함에 이르게 되면 그리스도의 평안함이 우리(자신)의 마음을 지배하게 된다. 불안과 혼란의 연속인 세상에서 그리스도 평안함을 누릴 수 있는 특권이 천국에 본적을 두고 사는 그리스도인이다. 이 하나님의 부르심으로 그리스도인으로써 한 공동체(한몸)로 구성되었다.

경건에 이르는 유익함은 그리스도의 말씀으로 우리(자신)의 마음을 채우고 풍성하게 역사할 때, 감사의 대상인 하나님께 감사하고 찬양하는 것이다. 세상의 유혹 가운데 있을 때, 묵상하는 우리들이 서로 버팀목이 되고 한몸(One body)으로 이겨낼 수 있는 것이다.

-영적인 생명력

"살리는 것은 영이니 육은 무익하니라 내가 너희에게 이른 말은 영이요 생명이라"(요6:63).

-영적인 생명력의 결과/ 영적인 일에 올인

묵상은 영적인 것과 육적인 것을 명확하게 분별하게 해주는 힘이 있다. 성경은 이에 대해 권면해 주는데, '영적인 일'(spiritual thing)은 생명을 제공해 준다는 것이다. 그에 비하면 '육적인 일'(physical thing)은 무익하다고 까지 단언하고 있다.

2. 감성적인 묵상의 차원

1) 하나님의 친밀함에 가까이

하나님의 친밀함에 참여하는 시간이다(It's time to participate in God's kindness). 모세는 종종 우왕좌왕 먼 길을 돌아왔다. 하지만 그는 시행착오 속에서 하나님의 음성을 듣고 말씀에 대한 순종하는 법을 터득했다. 그리고 그는 누구보다 하나님과 친밀함을 나누는 사람이 되었다. 욥의 믿음은 단(短) 시간에 온전해지지 않았다. 말로 형언할 수 없는 고난과 숱한 위기 속에서 오히려 욥은 그 고난을 다 감내할 수 있었던 비결은 하나님과 친밀한 관계 속에서 얼굴을 대면함 같은 감성적인 관계를 유지한 것이다. 그러기에 하나님께서 그를 향해 '동방의 의인'이라고 자신 있게 추천하는 위대한 인물이 되었다.

2) 예수님의 관계 속에서 자라는 친밀함

친밀함은 예수 그리스도 관계에서 자라난다(kindness grows in fellowship with Jesus). 친밀감은 주님과의 임재의 관계 경험에서 나오며, 신학적인 교리나 지식에서 나오지 않는다. 오로지 하나님과 나와 동행관계에서 나온다(Thomas aKempis/출33:11/막1:35/눅5:16).

> "내 안에 거하라 나도 너희 안에 거하리라 가지가 포도나무에 붙어 있지 아니하면 스스로 열매를 맺을 수 없음 같이 너희도 내 안에 있지 아니하면 그러하리라 나는 포도나무요 너희는 가지라 그가 내 안에, 내가 그 안에 거하면 사람이 열매를 많이 맺나니 나를 떠나서는 너희가 아무 것도 할 수 없음이라"(요 15:4-5).

iii. 삶의 초점-예수 그리스도

1. 묵상의 분명한 목표

1) 묵상자의 초점

돋보기로 태양에 초점을 맞추면 불을 일으킬 수 있다. 말씀 묵상을 통하여 예수 그리스도에게 초점을 맞추면 영적 스파크가 일어난다(Focusing on the sun with a magnifying glass can cause fire./Focusing on Jesus Christ through Word Meditation creates a spiritual spark).

묵상자의 초점은 당연히 예수 그리스도여야 한다. 동일한 묵상을 하면서 어떤 사람에게는 그 과정이 쓰고 어렵기만 하다. 그리고 별로 효력이 드러나지 않는다. 그러나 어떤 사람에게는 묵상이 대단한 능력을 발휘하고 심지어 그 힘으로 주어진 사명과 사역을 힘있게 감당하면서 묵상의 여정에 큰 족적(足跡)을 남기는 사례를 보여주고 있다.

2) 우리의 분명한 목표

다음 소개하는 〈도표-5〉 '우리의 분명한 목표인 글'에선 다음 같이 몇 가지의 주제별로 분류하여 하나님 말씀을 인용하여 묵상 자료로 활용할 수 있다,

1. 육체적 폐해-방황/빈곤(헐벗음,굶주림)/허약
2. 신분적 폐해-종/죽음/병자/소경
3. 심리적 폐해-상처 입음/절망 중/불안함/증오/갈등/슬픔

<도표-5>

우리의 분명한 목표

Our Definite Goal

지금 방황하고 있다면 예수님은 길이시다,
지금 헐벗었으면 예수님은 의복이 되신다.
지금 굶주린다면 예수님은 빵이 되신다.
지금 종이라면 예수님은 자유롭게 하신다.
지금 약하다면 예수님은 능력이 되신다.
예수 그리스도는 죽은 자에게 생명을/ 병든 자에게 건강을/ 눈 먼자에게 보게 함을/ 가난한 자에게 부유함을/ 상처입은 자에게 치유를/ 절망 중에 헤메는 자에게 소망과 위로 되신다. 불안, 초조한 자에게 안식과 평안이 되시며 / 증오와 갈등에 빠진 자에게 이해와 관용이 되시며/ 슬픔과 불행에 젖어있는 자에게 끊임없는 기쁨과 소망이 되시는 예수 그리스도는 우리의 분명한 목표가 되신다.

2. 해결의 돌파구

우선, 히브리서 3:1을 경건 자료로 삼아 묵상을 시도해 본다.

> 그러므로 함께 하늘의 부르심을 받은 거룩한 형제들아 우리가 믿는 도리의 사도이시며 대제사장이신 예수를 깊이 생각하라
> Therefore, holy brothers, who share in the heavenly calling, fix your thoughts on Jesus, the apostle and high priest whom we confess.

1) Fxing – '우리가 믿는 도리', '당신의 생각을 고치라!' (Fix your thoughts)라고 요구한다(히3:1).

세상에서 거룩한 부름을 받은, 동시에 세상과 구별된 공동체(형제들)에게 '믿는 도리'를 말할 때, 이전의 우리의 마음과 생각으로는 전혀 깨달을 수 없어서 그 믿는 도리를 깨닫기 위해서는 마음(생각)을 고치듯, 세속성에서 거룩함으로 전환하라고 요구한다.

2) Confession – 예수 그리스도를 깊이 생각하라(히3:1).

'생각하라'는 '고백'의 단어를 사용했다. 무엇을 말하는가? 즉 생각은 '고백함'을 가르키고 있다. 그러므로 함께 하늘의 부르심을 받은 거룩한 형제들아 우리가 믿는 도리의 사도이시며 대제사장이신 예수를 깊이 생각하라(confess).

3) Calling – 예수 그리스도의 음성을 듣고 묵상하라(히3:1).

'부름심'이라는 단어는 어디서부터 근거한 것인가? 하늘로부터이므로, 성자되신 예수님의 부르심을 근거하고 있다. 지상의 교회 공동체 일원인 우리(자신)는 묵상하면서 예수 그리스도의 음성을 듣고 주님 앞으로 나가야 할 것이다.

4) Finding – 예수 그리스도를 찾으라(마7:7).

묵상의 핵심적인 덕목은 '구하고' 그리하면 너희에게 주실 것이요.
'찾으며' 그리하면 찾게 되고, '문 두드면' 너희에게 열릴 것이다.
이 세 가지 약속은 입체적 응답의 축복으로 묵상 중 얻을 수 있다.

<도표-6>

예수전도단 캠퍼스 워십 10의 CCM 찬양 [20]

'시선'-모든 시선을 주님께 드리고 …

내게로부터 눈을 들어 주를 보기 시작 할 때 주의 일을 보겠네 내 작은 마음 돌이키사 하늘의 꿈 꾸게 하네 주님을 볼 때 내게로부터 눈을 들어 주를 보기 시작 할 때 주의 일을 보겠네 내 작은 마음 돌이키사 하늘의 꿈 꾸게 하네 주님을 볼 때 모든 시선을 주님께 드리고 살아 계신 하나님을 느낄 때 내 삶은 주의 역사가 되고 하나님이 일하기 시작하네 성령이 나를 변화시켜 모든 두렴 사라질 때 주의 일을 보겠네 황폐한 땅 한가운데서 주님 마음 알게 되리 주님을 볼 때 모든 시선을 주님께 드리고 살아 계신 하나님을 느낄 때 내 삶은 주의 역사가 되고 하나님이 일하기 시작하네 모든 시선을 주님께 드리고 살아 계신 하나님을 느낄 때 내 삶은 주의 역사가 되고 하나님이 일하기 시작하네 모든 시선을 주님께 드리고 전능하신 하나님을 느낄 때 세상은 주의 나라가 되고 하나님이 일하기 시작하네 주님의 영광 임하네 주 볼 때 주님의 영광 임하네 주 볼 때 주님의 영광 임하네 주 볼 때 주님의 영광 임하네 주 볼 때 주님의 영광 임하네 주 볼 때 주님의 영광 임하네 주 볼 때 주님의 영광 임하네 주 볼 때 주님의 영광 임하네 주 볼 때 주님의 영광 임하네 주 볼 때 주님의 영광 임하네 주 볼 때 모든 시선을 주님께 드리고 전능하신 하나님을 느낄 때 세상은 주의 나라가 되고 하나님이 일하기 시작하네 모든 시선을 주님께 드리고 전능하신 하나님을 느낄 때 세상은 주의 나라가 되고 하나님이 일하기 시작하네

iv. 말씀의 풍성함

1. 말씀으로 풍성하게 채우는 시간

묵상의 속성은 말씀의 풍성함에서 그 진가를 찾아내게 된다. 우선 묵상에 임하게 되면 마음에 가득한 것을 밖으로 나오게 한다. 각 사람 마다 무엇이 그 마음이 채워져 있느냐의 여부를 판단하는 기준은 그 사람이 거침없이 쏟아내는 말을 보면 된다. 그러므로 묵상으로 단련된 심령은 말씀의 풍성함을 드러내어 말씀의 신령한 은혜로 삶을 풍성하게 채워나가는 것이다(마 12:34, 눅6:45).

1) 말의 실수나 막말을 제어함

경건을 추구하면서 경건해진다 해도 그 자신의 혀에서 나오는 말에 재갈을 먹이지 아니하면 주님을 향하여 실행하는 묵상은 헛것이 되고 만다. 한번 쏟아진 말은 주어 담을 수가 없다. 사회생활을 하면서도 말의 실수나 막말을 해서 패가 망신 당하고 인생을 실패하는 경우가 우리 주변에서 허다하다는 것을 조심해야 한다.

"누구든지 스스로 경건하다 생각하며 자기 혀를 재갈 물리지 아니하고 자기 마음을 속이면 이 사람의 경건은 헛것이라" (약1:26).

2) 그리스도의 말씀을 풍성하게 채움

묵상하는 사람은 그리스도의 말씀이 자신(우리) 안에 풍성하게 채우는 것이 매우 중요하다. 그 말씀의 영향력인 지혜로 공동체를 이끌거나 가르치며 권면해야 한다. 그러한 그리스도인은 시와 찬송과 신령한 노래로 하나님께 감사하며 찬양하게 된다. 그리고 더욱 명심해야 할 교훈은 우리 인생의 궁극적인 목표로서 무엇을 하든지 말에나 일에나 다 주 예수의 이름으로 하고 그를 힘입어 하나님 아버지께 영광을 돌린다(골3:16).

2. 신의 성품에 참여하는 시간

"이로써 그 보배롭고 지극히 큰 약속을 우리에게 주사 이 약속으로 말미암아 너희가 정욕 때문에 세상에서 썩어질 것을 피하여 신성한 성품에 참여하는 자가 되게 하려 하셨느니라"(벧후1:4)

〈도표-7〉 **신령한 성품의 덕목들**[21)]

원 덕목	파생 덕목	부록
신의 성품 (벧후 1:4)	**믿음**(faith), **덕**(goodness), **지식**(knowledge), **절제**(self-control), **인내**(perseverance), **경건**(godliness), **우애**(brotherly kindness), **사랑**(love), **열매**(productive)	신의 성품 못 갖추면 죄 사함의 은총을 망각하게 된다 (벧후1:9)

신의 성품에는 믿음과 덕, 지식과 절제, 경건과 우애, 그리고 사랑과 그 열매라고 위의 도표는 소개하고 있다. 이것은 베드로후서 1장 4절

의 말씀에 포괄되어 있으며 거기서 파생되는 덕목이다. 즉 신의 성품에 참여한다는 의미로서 이 조건들을 갖추지 못하면 죄 사함의 은총을 망각하게 되면서 변화가 따르지 못한다. 이에 상쇄하는 방법은 묵상을 통한 가능성이 절대적으로 필요하다는 것을 말해주고 있다.

3. 묵상의 황금 계단을 오르는 시간

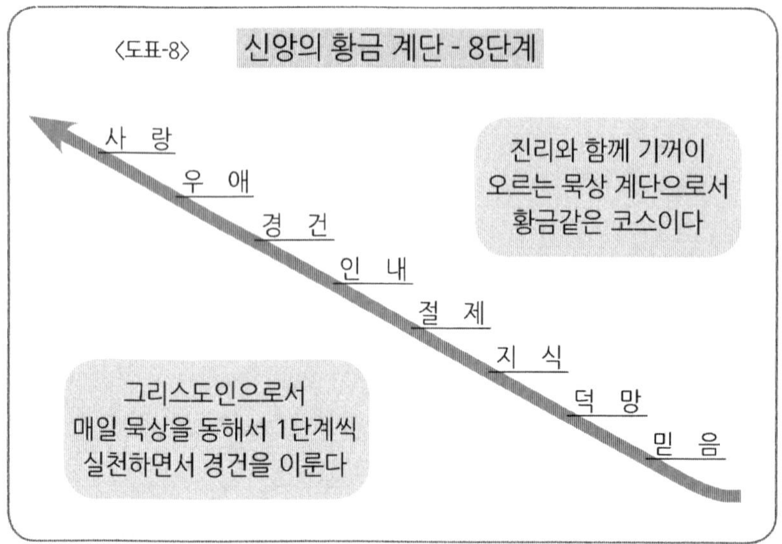

말씀의 풍성함에 이르기 위하여 '신앙의 황금계단' 8단계를 제시해 본다. 그 주제들로서 사랑, 우애, 경건, 인내, 절제, 지식, 덕망, 믿음으로 분류해 놓았다. 사실 이런 분류 방법을 제시하게 된 동기는 이 8단계의 과정을 오르다 보면 그리스도인으로서 매일 묵상의 단계를 어렵지 않게 실천하면서 경건을 이루게 될 것이다. 균형잡힌 그리스도인으로서 진리와 함께 기꺼이 묵상계단을 오르는 시간은 황금과 같은 코스이다. 따라서 이 8단계의 시간은 영적, 육적의 바란스를 맞춰가도록 균형을 유지하면서 묵상하도록 주제들을 설정해 놓았다.

4. 성품의 변화, 성장의 시간

인성(personality)은 성격을 말하며 그에 따라 마음, 성품, 기질, 인격, 양심 등을 모두 포함한 개념이 담겨있다. 성격을 여러 용어로 표현한다해서 성격의 의미가 사라지는 것은 아니다. 한편, 성격에 관련된 용어로 사용해도 무방하다. 인성의 개념의 성격을 다양한 줄기로 정의해 놓은 용어를 소개하여 인격(성품) 변화의 성장을 요구하는 것이다.

<도표-9> **인성의 성품(성격)에 관련된 용어**[22]

성격(nature)	본질적 영역으로 사람의 성질, 됨됨이, 사람다움을 말함
마음 (mind)	사람이 본래부터 지닌 근원적 성격을 말함
성품 (character)	자신의 행동이나 의식을 결정하는 사고체계나 감정
기질 (temperament)	타고난 성품을 말하며 생물학적인 특질을 강조함
인격, 품격 (personality)	개개인의 지·정·의 및 외모 등을 총괄해 나타나는 품격을 말하며, 인성이 발현된 객관적 상태를 말함
양심 (conscience)	자신의 행동을 판단하는 도덕의식을 말함

5. 영성의 변화와 성장의 인물

벤자민 프랭클린(Benjamin Franklin 1707-1790)은 미국 건국의 아

버지의 한 사람(The Founding Fathers)이다. 미국의 첫 수도를 가장 사랑했고 자랑스러워했던 필라델피아의 아들이자 미국의 정치인. 외교관, 과학자, 발명가, 언론인, 사회 활동가, 정치 철학자, 사업가, 독립운동가, 기타 등 다양한 이력을 갖고 있다.

그는 비록 과거의 인물이지만, 현재까지도 그의 영향력을 알려면 미국 화폐 100달러를 보면 된다. 미국 화폐 중에서 가장 가치가 높고 중요하게 많이 통용되는 돈이다. 거기에 디자인된 초상화가 벤쟈민 프랭클린이다. 그는 미국 대통령에 당선되지 못했지만 그만큼 영향력을 행사하며 미국 사회로부터 오늘날까지 존경받는 인물이다.

그 비결은 무엇일까? 그는 새벽형의 인물이면서 묵상을 통한 영성으로 늘 새롭게 변화해 갈 수 있었다. 하나님의 말씀에 의지하면서 그 지혜와 능력에 사로잡혀 혼돈하던 미국 개척기(초기)의 사회를 개척해 갈 수 있었으므로 그는 진정한 경건의 모범을 보여주고 있다..

6. 자수성가한 사람을 위한 성품훈련 13가지

13-1 **절제** - 배부르도록 먹지 마라. 취하도록 마시지 마라.
Temperance-Eat not to dullness; drink not to elevation.

13-2 **침묵** - 자타에 이익을 주는 말만을 하고, 하찮은 대화는 피하라.
Silence-Speak not but what may benefit others or yourself; avoid trifling conversation.

13-3 **질서** - 모든 물건은 제자리에 두라. 일은 때를 정해서 하라.
Order-Let all your things have their places; let each part of your business have its time.

13-4 **결단** - 해야 할 일은 결심하며, 실행하는 것.

Resolution-Resolve to perform what you ought; perform without fail what you resolve.

13-5 **절약** -자타에 이익을 주는 일에 돈을 사용하되, 낭비하지 마라.

Frugality-Make no expense but to do well to others or yourself; that is, waste nothing.

13-6 **근면** - 시간을 낭비말고, 유익함을 추구, 무용한 일 끊으라.

Industry-Lose no time; be always employed in something useful; cut off all unnecessary actions.

13-7 **진실** - 사람을 속여 해치지 마라. 모든 언행은 공정하게 하라.

Sincerity-Use no hurtful deceit; think innocently and justly; speak accordingly.

13-8 **정의** - 남에게 해를 주지 않으며 해로운 일을 해서도 안 된다.

Justice-Wrong none by doing injuries; or omitting the benefits that are your duty.

13-9 **중용** - 극단을 피하라. 내게 죄가 있다고 생각하거든 남의 비난과 불법을 참으라.

Moderation-Avoid extremes; forebear resenting injuries so much as you think deserve.

13-10 **청결** - 신체, 의복, 주택에 불결한 흔적을 남기지 마라.

Cleanliness-Tolerate no uncleanliness in body, clothes, or habitation.

13-11 **침착** - 사소한 일, 보통 일, 피할 수 없는 일에 침착을 잃지 마라.

Tranquillity-Be not disturbed at trifles or at accidents common or unavoidable.

13-12 **순결** - 건강과 자손을 위해서만 부부관계를 하라. 아둔해지거나 허약해지거나 자타의 평화나 평판을 해지치 말라.

Chastity-Rarely use venery but for health or offspring, never to dullness, weakness, or the injury of your own or another's peace or reputation.

13-13 **겸손** - 예수 그리스도를 닮아가고, 소크라테스의 겸손을 배우라.

Humility-Imitate Jesus and Socrates.

적 용

1. 세속성에서 거룩성으로 전환해야 하는 이유는 무엇이라고 생각합니까?(그에 따른 기능을 참고하세요).

2. 묵상을 통해 초점을 맞추기 위해서 당신이 매일 하는 일은 어떤 일이라고 생각합니까?

3. 묵상의 목표(누구)는 누구입니까? 어떤 생각이 듭니까?
(그에 대한 응답 4가지를 참고하세요).

4. 당신에게 잘 훈련된 성품은 어떤 부분인가요 3가지를 기록해 보세요.

4. 앞으로 말씀의 풍성함을 이루려면 어떤 성품의 변화를 말하고 있습니까?
(이에 대한 훈련 13가지 주제를 관찰하면서 마음에 새겨 보세요).

제4장

묵상과 함께 떠나는 여정-2

i 경건의 보고를 향하여!

1. 모든 생각을 컨트럴 함

사고의 전환. 세계관의 변화. 내 안에 고정되어있는 마음의 안경을 바꾸는 시간은 묵상하는 자로서 대단히 필요한 일이다. 17세기 영국의 청교도였던 존 플래벨(John Flavel)은 "회심할 때 겪는 가장 큰 어려움은 마음을 하나님께 굴복시키는 것이며. 회심 이후 겪는 가장 큰 어려움은 마음을 하나님과 함께 하도록 지키는 것이다"라고 했다.

"우리의 싸우는 무기는 육신에 속한 것이 아니요 오직 어떤 견고한 진도 무너뜨리는 하나님의 능력이라 모든 이론을 무너뜨리며 하나님 아는 것을 대적하여 높아진 것을 다 무너뜨리고 모든 생각을 사로잡아 그리스도에게 복종하게 하니.너희의 복종이 온

전하게 될 때에 모든 복종하지 않는 것을 벌하려고 준비하는 중에 있노라"(고후10:4-5).

이와 함께 묵상의 자료로 활용될 수 있는 말씀은 잠언 4:23과 마가복음 7:21이다, 조용한 시간을 육체적으로 솔직하게 표현하면, 멍때리는 시간이면서 내 몸을 이완(弛緩)시키는 시간이다. 바람과 지진, 불을 넘어 세미한 음성은 어떤 의미로 내게 다가오는가?(왕상19:4,12).

"우리의 과열된 욕망을 앗아가시고 당신의 차분함과 위안을 불어 넣어 주소서 감각은 닫히고 육체는 뒤로 물러나게 하소서. 지진과 바람과 불을 지나 오, 잠잠하고 조용하고 잔잔한 음성으로 말씀 하소서" -시인 존 그린리프 휘티어(John Greenleaf Whittier)[23]

조용히 하나님의 진리로 내 안에 채우는 시간이다. 성경 묵상은 하나님을 매일 만나서 하나님과 대화하는 시간이다. 하나님은 살아계시며 우리에게 말씀하시는 분이다. 그런데 우리가 그분과 어떻게 대화를 하는가? 내가 말씀을 읽을 때 그분의 음성을 듣고, 나는 기도로 그분에게 아뢰며 대화를 하는 것이 성립된다. 매일 성경을 읽는 것은 살아계신 하나님의 말씀을 듣는 것이다(히4:12).

"망령되고 허탄한 신화를 버리고 오직 경건에 이르기를 연습하라 육체의 연습은 약간의 유익이 있으나 경건은 범사에 유익하니 금생과 내생에 약속이 있느니라"(딤전4:7-8).

2. 하나님과 교제함(Fellowship with God)

1) 그분과 교제(fellowship)하는 것

하나님께서 우리(나)를 부르신 이유가 무엇일까? 그분은 사람과 교제하기를 원하신다. 예수님도 제자를 선택한 첫 번째가 그들과 교제하기 위해서(막3:13)이다. 하나님은 사람을 노래하는 장난감이나 로봇이 아니라 하나님과 교제할 수 있는 인격체로 만드셨다.

고린도전서 1장 9절, 사도 바울은 고린도의 성도들에게 “하나님은 미쁘신 분이시다”라고 소개하면서, 너희를 교회로 부르신 이유는 예수 그리스도와의 교제를 통해 유대감(fellowship)을 형성하기 위함이라고 각인시켜주고 있다. 여기서 ‘미쁘다’라는 의미는 ‘신실하다’는 말이다. 예수님은 신실하시기에 온전하신 그리스도 그분과 더불어 교제하는 것은 연약하고 쉽게 변하기 일쑤인 우리에게는 더할 나위 없이 유익한 일이 아니겠는가?

2) 그분을 모방(imitation)하는 것

하나님과 교제하려면 그분의 말씀인 성경을 펴서 읽어야 한다. 그분의 얘기를 듣지 않고는 그분을 알 수도, 교제할 수도 없다. 매일 말씀을 통해 하나님과 교제하면 점점 하나님을 알아가고 닮아 갈 것이다. 우리는 묵상을 통해서 경배의 대상인 하나님을 닮아갈 수 있다.
하나님을 닮는다는 것은 우리의 노력 여하에 따라서 그분이신, 하나님과 똑같이 변모(變貌)한다는 착각은 버려야 한다, 다만 우리는 하나님과 비슷하게 닮아가는 것이다. 예수 그리스도처럼 똑같이 변모되지 않고 비슷하게 인격, 성품, 성질, 행동, 그리고 마음 등을 모방(imitation)하는 것처럼 그렇게 되어 간다. 예수 그리스도가 목표는 될 수 있어도 예수 자체는 될 수 없다.

그래서 성경 묵상을 해야 하며 하루를 시작하면서 성경 말씀과 기도를 통해서 하나님을 만나고, 하나님의 뜻을 분별해서 실제 생활에서 성령님의 인도를 받아 하나님과 교제하는 생활이 절실하게 필요한 때이다(막1:35, 시5:3, 막6:32).

ii. 경건의 헌신

1. 묵상과 함께 헌신하는 실천 - Devotion time

우리 각자는 하나님으로부터 부르심을 받은 사람들이다(Calling). 은사와 직임은 다르지만 하나님의 나라를 위해 부르심을 받았고, 그곳에서 헌신된 삶을 살아가고 있다. 그러나 이런 헌신이 묵상을 통해서 거듭되고 매일 새롭게 다짐해야만 나의 부르심의 은사가 지속적으로 기름 부으심이 넘치게 되면서 축복의 삶으로 이어질 수 있다.

소개되는 말씀에서 헌신을 위한 4단계를 생각하게 한다.

첫째, 하나님께서 우리를 부르심의 가치를 말한다. 이 콜링에는 절대성을 보여주고 있다. 부름의 여하에 따른 결과를 말하지 않는다. 그분이 우리를 부르시면 은사의 선물과 각종 생각지 못한 것, 우리의 생명의 가치까지 바꿔놓으심을 상기하면서 묵상의 삶을 살게 한다.

둘째, 주의 권능의 날에 그의 백성이 하나님께 헌신하므로 그분과 대면하면서 얻는 기쁨은 사람 관계에서 얻는 그 이상의 것을 주신다. 천상의 희락과 새로워지는 싱그런 젊음을 나타내는 삶으로 하나님 앞에 이르는 당당한 모습을 주변에 나타내 보이게 된다.

〈도표-10〉 **묵상을 위한 헌신 4단계**

묵상으로 헌신하는 4단계		
1단계 부르심의 헌신	**Devotion-1 헌신을 위한 콜링** 하나님의 은사와 부르심에는 후회하심이 없느니라 For Gods gifts and his call are irrevocable)(롬11:29).	묵상중, 하나님의 선택과 주권 따름
2단계 즐거움의 헌신	**Devotion-2 즐거운 헌신** 주의 권능의 날에 주의 백성이 거룩한 옷을 입고 즐거이 헌신하니 새벽 이슬 같은 주의 청년들이 주께 나오는도다 Your troops will be willing on your day of battle. Arrayed in holy majesty, from the womb of the dawn you will receive the dew of your youth.(시110:3).	묵상중, 주의날에 의인의 영혼으로 헌신함
3단계 복받음의 헌신	**Devotion-3 복을 위한 헌신** 모세가 이르되 각 사람이 자기의 아들과 자기의 형제를 쳤으니 오늘 여호와께 헌신하게 되었느니라 그가 오늘 너희에게 복을 내리시리라. Then Moses said, "You have been set apart to the LORD today, for you were against your own sons and brothers, and he has blessed you this day"(출32:29).	묵상중, 개인의 헌신을 다함
4단계 찬송의 헌신	**Devotion-4 찬송의 헌신** 내 마음이 이스라엘의 방백을 사모함은 그들이 백성 중에서 즐거이 헌신하였음이니 여호와를 찬송하라. My heart is with Israel's princes, with the willing volunteers among the people. Praise the LORD!)(삿5:9).	묵상중, 찬양으로 하나님께 영광돌림

셋째, 주께 헌신하는 백성은 오로지 말씀과 그 규례의 법칙이 삶의 원리가 된다. 하나님께서 당신의 백성을 위한 복을 반드시 받게 하시려고 모세를 세워 사전에 인간의 죄성과 고집들을 수정해 가면서 기어이 그 자격에 합당하게 만들어서 늘 하나님과 대화하도록 한다.

넷째, 넷째는 주의 백성으로 헌신은 마땅한 것이지만, 그에 따른 결과는 즐거움, 즉 만족의 삶이다. 하나님은 이런 류(類)의 사람을 기뻐하신다. 주를 만나서 헌신하는 그 자체는 물론, 묵상을 통해서 더 가까운 관계가 성립되므로 주님께서는 언제나 우리가 주와 만나서 즐겁게 묵상하며 만족한 삶을 살기를 바라고 계신다.

2. 묵상을 통해 하나님의 음성 들음

1) 성자의 속성을 지니고 성부와 묵상을 보낸다

예수님은 하나님으로부터 듣고 가르침을 받고 행하셨다(요8:28-29). 하나님 아들이시고 심지어 최고의 영적 신분, 성자 하나님(The Son of God)의 속성을 지녔음에도 그는 늘 성부 하나님(The Father of God)의 말씀을 듣는 것을 생활화 습관화 하였다. 그 증거의 삶을 "새벽 미명에 한적한 곳으로 가셔서"(막1:35)라고 적고 있다.

2) 활동의 중요가치를 묵상의 최대가치로

하루에 일과 중 몹시도 분주하고 그래서 분주한 것이 매우 중요한 활동가치로 주어진 주님께서 중요한 활동가치를 한가함으로 대치하면서

까지 성부 하나님을 면담하기 위해 묵상의 장소로 가셨다. 예수님께는 하나님 대면의 시간, 곧 묵상을 최대가치로 활용하신 교훈을 우리에게 던져주고 있다. 당신이 바쁠수록 곧 한가함의 묵상으로 돌이키면서 거기서 최대 가치로 선용하여 인생의 위대한 시간을 보냈으면 한다. 이런 싸이클을 하루에 정기적으로 갖는다면 당신은 지상에서 최대 축복받는 사람으로 거듭날 것이다(삼상3:9-10).

3. 묵상에서 영의 양식을 먹음(일용할 양식, 만나)

1) 사소한 작은 순종, 묵상의 경건

광야에서 이스라엘 백성에게 하나님은 만나와 메추라기를 공급하셨다. 백성들은 매일 일용할 양식을 거두는 일을 해야 했다. 공급하시는 분은 이스라엘 백성의 삶의 전반(全般)을 책임지시는 하나님이며 그에 비해 이스라엘 백성은 지극히 사소하고 작은 순종을 통하여 하나님의 공급을 받으면서 큰 기쁨을 얻었다.

2) 언제나 묵상으로 나아가 적당한 분량을 취하라

단 조건이 있었다는 것을 아는가? 그것은 백성들은 광활한 들판에 수북히 쌓인 만나를 보면서 절대 자신이 먹을 하루 분량만 거둬서 돌아오는 것이다. 거기서 조금만 오버하여 가져와서 먹다 남은 분량은 여지 없이 부패한다. 굶어 죽을 위기에 식량을 얻었다는 것은 분명 축복된 일이며, 이런 경우에 겸손하고 순종해야할 말씀이 아주 크고 중요한 말씀으로 다가 선다. 그러나 그런 순간들이 지속될 때, 겸손이 퇴색되고 큼직하게 느껴지던 말씀들이 하찮고 성가신 조건으로 변한다. 그럴 경우 대부분 말씀 중심이 아니라 자기 중심이 이기적으로 바뀌었다는 증거다. 이기심은 하나님 말씀을 순종하는데는 아주 껄끄러운 조건이다. 순종은 사소한 작은 주제가 아니다. 묵상을 그런 조건으로 명심하고 언제나 하나님께 나아가 적당한 분량의 영의 양식을 취하라. <도표-11>

다윗의 묵상을 통한 치유와 회복

기본 text-1 (3가지 금할 것)	'복 있는 사람은 …'		
	① 악인의 꾀 따르지 마라	② 죄인의 길에 서지 마라	③ 교만한 자리에 앉지 마라

* 3가지 부정동사(לֹא)(never/절대)

기본 text-2 (3가지 추구할 것)	'모든 일이 형통하리라'		
	① 여호와의 율법을 즐거워하며 밤낮 묵상한다	② 시냇가에 심긴 나무 되어 온갖 열매를 맺으라	③ 그가 행하는 모든 일이 형통(번창)하라

* 긍정동사 3가지 '하가'(הגה)묵상하다.
'페리'(בְּרִי)열매맺다. '아사(עשה)행사를 행하다

3) 잔잔함 속에 하나님을 기억하라

그야말로 경건이란, 호수가 잔잔해야 달빛 별빛을 보는 것처럼 잔잔한 상태가 경건으로 이어질 수 있다.[24] 철학에 대한 신앙의 경계는 성실과 경건으로 가능하다. 가장 성실한 철학자는 칸트였으나 신을 잘 알고 있었으나 신실하게 믿지 않았다. 그러나 신이 있는 세상을 원했다. 철학자는 두 부류이다. 운명론자와 허무주의자이다. 해가 서산에 지는 것을 운명이라고 믿는다는 니체는 운명론자였다. 그러나

우리는 하나님의 섭리를 신뢰하는 사람이다. 하나님의 섭리로 우리가 이 땅에 살아가고 있다고 믿는 신앙이 우리 마음에 자리하고 있다. 하나님께서 우리를 항상 인도하시고 섭리하신다는 믿음의 사상을 진하게 가지고 있다. 헨리 나우웬은 "경건이란 하나님을 생각하는 것이다"라고 했다.

> "망령되고 허탄한 신화를 버리고 경건에 이르도록 네 자신을 연단하라 육체의 연단은 약간의 유익이 있으나 경건은 범사에 유익하니 금생과 내생에 약속이 있느니라"(딤전4:7-8).

4. 치유와 회복을 위해 약을 취함

서론에서 이미 언급했듯이 묵상(Meditate)의 근원은 약(Medicine)이라는 용어에서 유래되었다. 그러므로 묵상을 한다는 것은 약을 먹는 것과 같은 원리이다. 왜냐하면 묵상을 하므로 영혼의 양식을 취하는 일이기 때문이다. 일찍이 이스라엘 백성을 이끄는 여호수아가 백성에게 명하는 말씀에서도 그 이치(理致)를 정확하게 말하고 있다.

> "이 율법 책(성경)을 네 입에서 떠나지 말게 하며 주야로 그것을 묵상하여 그 안에 기록된 대로 다 지켜 행하라 그리하면 네 길이 평탄하게 될 것이며 네가 형통하리라"(수1:8).

1) 금할 것과 추구할 것

다윗도 묵상을 통한 치유와 회복을 위하여 온갖 방법들을 우리에게 일러주고 있다. 먼저 금할 사항 3가지이다. 첫째, 악인들의 꾀를 따르지 말라. 둘째, 죄인들의 길에 서지 말라. 셋째, 오만한 자들의 자리에 앉지 말라. 이 부분에서 부정동사는 강한 부정의 뜻을 가지고 있기 때문에 절대(never) 금지해야 할 것을 요구하고 있다.

다음은 추구할 사항 3가지를 제시한다.

> 첫째, 오직 여호와의 율법을 즐거워하며 그 율법을 밤낮으로 묵상하는 것이다.
> 둘째, 시냇가에 심긴 나무가 되어 온갖 열매를 맺는 것이다.
> 셋째, 그리하면 그(묵상자)가 행하는 모든 일이 형통(번창)할 것을 약속한다. 결국, 복있는 사람은 모든 일에 형통함을 얻는다는 것이다(시1:1-3).

효과적인 묵상 방법은 금해야 할 것(forbid)과 추구해야 할 것(pursu)을 정확하게 지켜서 나가야 한다고 다윗은 분명하게 설명하고 있다. 금해야 할 것도, 추구해야 할 것도 모두 궁극적으로 하나님께서 우리에게 복을 허락해 주시기 위함이라는 것을 말해준다. 이 사실에 근거하여 묵상을 통해 영적인 상처를 치유하고 회복하는 것이 타당하다.

iii. 말씀을 심는 경건

1. 마음에 말씀의 씨앗을 심는 시간

1) 마음에 씨앗을 가득 심는 일-씨 뿌리는 비유

꽤가 많은 사람들이 군중을 이루어 예수 그리스도에게로 몰려왔다. 그런 상황을 예수 그리스도는 매우 시기적절하게 잘 이용하여 소위 황금 비유라고 말하는 '씨 뿌리는 비유'로 그들을 교육하셨다.

> 4.각 동네 사람들이 예수께로 나아와 큰 무리를 이루니 예수께서 비유로 말씀하시되/ 5.씨를 뿌리는 자가 그 씨를 뿌리러 나가서 뿌릴새 더러는 길 가에 떨어지매 밟히며 공중의 새들이 먹어버렸고/ 6.더러는 바위 위에 떨어지매 싹이 났다가 습기가 없으므로 말랐고/ 7.더러는 가시떨기 속에 떨어지매 가시가 함께 자라서 기운을 막았고/ 8.더러는 좋은 땅에 떨어지매 나서 백배의 결실을 하였느니라 이 말씀을 하시고 외치시되 들을 귀 있는 자는 들을지어다(눅8:4-8).

2) 묵상 단계-1

1.1 텍스트/ 길가에 뿌림-"씨를 뿌리는 자가 그 씨를 뿌리러 나가서 뿌릴새 더러는 길 가에 떨어지매 밟히며 공중의 새들이 먹어버렸고"(5절).

1.2 해석-[길가와 같은 상태의 사람들이 말씀을 듣는데 그치고 받아들이기를 보류(保留)하고 있을 때 말씀을 빼앗아가는 마귀의 훼방은 경계하는 것이다].

1.3 교훈/ 적용-이러한 훼방을 물리칠 수 있는 길은 하나님의 전신갑주로 무장하는 것 뿐이다(엡6:13-17). 말씀 묵상은 영적 전투에서 용맹한 그리스도인으로 거듭나게 한다는 것을 명심하라.

3) 묵상 단계-2

2.1 텍스트/ 바위 위에 뿌림-더러는 바위 위에 떨어지매 싹이 났다가 습기가 없으므로 말랐고(6절).

2.2 해석-[밭 가운데 바위 위에 얇게 흙이 덮혀 있는 상태와 같은 사람들은 말씀을 들을 때 감정적 흥분과 피상적 열정으로 받아들인다. 그런 사람들은 감정의 상태를 넘어 말씀이 심령 깊이 뿌리를 내리지 못한다].

2.3 교훈/ 적용-이러한 신앙을 예수님은 뿌리없는 믿음이라고 꾸짖으신다. 따라서 이들의 믿음은 일시적이며 잠정적이다. 그러나 비록 바위같은 불리한 조건에서도 인내하며 배로 노력하여 극복해여 한다. 묵상과 경건을 더 충실하게 가지므로 삶의 스타일에서 아예 묵상을 체계적으로 습관화 하라.

4) 묵상 단계-3

3.1 텍스트/ 가시 떨기 위에 뿌림-."더러는 가시떨기 속에 떨어지매 가시가 함께 자라서 기운을 막았고"(7절).

3.2 해석-[가시떨기와 같은 상태는 어느정도 영적 성장을 하는 잠재력이 있는 사람들로서 상당한 정도의 신앙을 갖지만 궁극적인 것과 부차적인 것의 가치를 혼동함으로 실패하고 만다].

3.3 교훈/ 적용-신앙의 삶을 이어나가는 진지함과 지속성을 쉽게 포기하는 사람이다. 그리스도인의 궁극적인 목표를 정하면 영적 가치를 깨닫고 계속 성장하여 능력있는 그리스도인으로 성장하는 것이다. 그러므로 말씀의 최대 가치를 활용하여 건강한 삶을 이뤄야 한다.

5) 묵상 단계-4

4.1 텍스트/ 옥토(좋은 땅)에 뿌림-"더러는 좋은 땅에 떨어지매 나서 백 배의 결실을 하였느니라 이 말씀을 하시고 외치시되 들을 귀 있는 자는 들을지어다"(8절).

4.2 해석-[복음의 씨가 뿌려져서 좋은 열매를 맺기에 적합한 마음은 '좋은 마음' '옥토'를 가리킨다. '좋은'에 해당하는 헬라어 '아가데'(*)는 숭고한 목적을 성취하기 위해 작은 것들을 과감하게 포기하며 큰 것을 수확하는 그리스도인의 내면 상태를 가리킨다].

4.3 교훈/ 적용-'착하고 좋은' 마음을 지닌 사람은 말씀을 듣되 그 말씀을 지키는 사람이다. 이런 사람은 염려, 재물에 대한 욕심, 그리고 쾌락과 같은 마귀의 시험을 '인내'로 견디어 마침내 백배의 결실을 맺는다. 예수님께서 군중들에게 정상적인 그리스도인의 표본을 제시하고 계신다. 묵상의 대가(大家)는 하루아침에 태어나지 않는다. 점점 말씀에 의하여 훈련되고 성장하는 것이라서 이 표본을 따라야 한다.

적 용

1. 묵상은 우리(나)에 대한 모든 생각을 그분께 컨트롤 되도록 맡기는 것입니다(이 물음에 동의한다면, 어떻게 맡겨야 할까요?).

2. 우리(나)를 부르신 이유가 무엇입니까? 다음 2가지 주제의 의미를 생각하며 해결방법을 모색해 보세요.
   -그분과의 유대감(   )
   -그분을 모방함(   )

3. 묵상으로 헌신하는 4단계(도표)를 살펴보면서 나름의 생각을 정리해 보세요.

4. 다윗의 묵상을 통한 회복의 주제와 관련된 도표를 참고하여 정리해 보세요.
   -'복 있는 사람은'(3가지 사항을 기록하세요)

   -'모든 일이 형통하리라'(3가지 사항을 기록하세요)

5. '씨 뿌리는 비유'의 묵상 12단계를 음미하면서, 어떤 교훈들이 나타납니까?(전체 4단계로 묶여 있으며 1단계 마다 텍스트/해석/적용)으로 구성되었습니다.

제5장

묵상의 삶의 본, 성경 인물과 교회사[25] 인물

i. 성령의 영성, 성경 인물의 묵상[26)]

1. 성령의 묵상을 강조하는 영성 -바울의 성령의 영성 카리스마

성경 전체의 역사에서 영성의 카리스마를 통해 가장 훌륭하게 모범적으로 사역을 이루었던 성경 인물 중 사도 바울의 묵상의 삶을 조명해 본다. 바울의 묵상의 모범은 바로 그의 영성에서 나왔으며, 바울의 성령의 황홀하고 주관적인 카리즘과 복음에 대한 이성적이고 객관적인 이해력의 두 가지 영성의 카리즘을 들 수 있다.

2. 바울의 출생과 성장[27)]

사도 바울은 경이로운 자였다. 아테네와 로마, 바벨론과 니느웨의 영향을 받아 형성된 도시 다소에서 출생하고 성장했던 그는 그리스와 동양계의 혈통을 이어 받은 자였다. 그의 가족은 당시 선망의 대상이었던 로마 시민권을 소유하고 있었으며, 바울의 로마 이름은 '바울루스'(Paullus), '바울'이란 이름이었다. 동시에 히브리인으로서 히브리식 이름, '사울'이란 이름도 가지고 있었다. 힐렐 학파의 선생, 가마리엘 문하에서 공부하며 예루살렘에서 살았다. 이스라엘 지배층이던 공의회 한자리를 차지하고 있었다.

3. 사울의 등장

초대 교회 최초의 순교자, 스데반의 순교를 당하는 자리를 지켜보면서 그 유대인들과 함께 스데반의 죽임을 승인한 사람, 사울로서 전면에 드러나기 시작한다. "교회를 잔멸하며 각 집에 들어가 남녀를 끌어다가 옥에 넘기도록"(행8:3) 한 장본인으로 사울이 개입한다. 사울의 등장은 평범한 사람의 등장에 비하면 너무나 예상치 못한 사례이다. 그가 성경 역사의 전면에 등장하는 그 자체가 초대교회에 이어서 엄청난 파장을 일으키는 장본인이 될 수 있는 것을 보여주고 있다.

4. 다메섹 여행

결국, 교회 핍박의 사건이 터지기 시작하면서 사울은 필연적으로 다메섹 도상에 이르게 되었다. 그 도정(道程)에서 그는 눈멀게 하는 '하늘의 빛'이 그를 땅에 굴복케 하고 부활하신 그리스도를 만난다. "사울아! 사울아! 네가 어찌하여 나를 핍박하느냐?" 그의 이름을 부르심으로(행9:3-5) 그는 인생의 궤도가 송두리째 바뀌게 된다. 눈이 멀게 되므로 인위적 조건에서 성령의 조건에만 매달린다. 그가 묵상하면서 성령 카리즘에 의해 이후의 생이 얼마나 컨트럴 받게 되는가?

5. 성령의 카리즘[28]

〈도표-12〉 바울의 묵상과 성령의 카리즘 역할

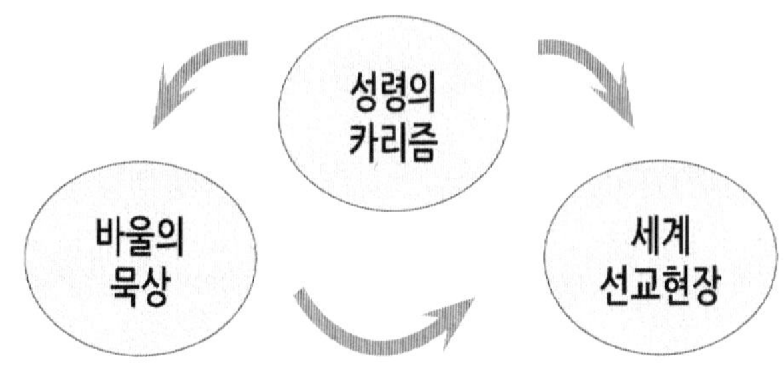

1) 묵상 중 성령의 카리즘으로

직가라는 마을에 있는 유다의 집에서 사흘을 금식하며 아나니아를 만나고, "형제 사울아 주 곧 네가 오는 길에서 나타나시던 예수께서 나를 보내어 너로 다시 보게 하시고 성령으로 충만하게 하신다"(행1:9). 이때부터 바울은 묵상 중에 성령의 카리즘에 휩싸이게 된다.

2) 바울의 묵상의 카리즘-선교의 현장으로

그리고 아나니아는 예수님으로부터 명(命)을 받은대로 '이방인의 사도'라는 신성한 사명을 바울에게 전하고 바울은 그리스도인의 공동체에 속하게 된다. 그후 사울로 불리던 이름은 '바울'이 되어 세계를 품안에 넣은 듯 선교사역의 현장에서 카리스마를 행하게 되는데, 이것은 바울의 묵상의 본원적인 카리즘에서 발출하게 된다.

ii. 묵상의 영성, 초대사 인물

1. 묵상을 강조하는 영성-성 안토니의 광야훈련[29]

> 모든 인간은 충만한 기도의 삶과 하나님의 임재를 경험하기를 갈망한다. 묵상의 영성은 하나님과의 밀접한 관계를 맺는 길을 보여준다. 현실이 암담할수록 묵상의 길은 하나님과 동행을 갈구하면서 영성이 다져지는 것이다.

2. 안토니의 생애-수도원 공동체의 효시

나중 기독교 역사에서 등장했던 수도원이 안토니의 은둔생활로부터 유래할 줄 누가 알았으랴. 250년경 안토니는 이집트의 코마(Koma)에서 부자 집의 아들로 태어났다. 어린 안토니는 부모에게 순종하고 하나님께 진실한 기독교인으로 자랐다. 그가 지닌 절대적인 소원이 있었는데, 그것은 사도행전의"한 마음을 품고 소유한 물건을 서로 통용하고 필요한 이들에게 베푸는 주님의 공동체를 보면서 몇 달에 걸쳐 기도하며 마음 깊숙이 묵상의 여행에 접어든 것이다.

3. 이집트 사막의 묵상의 길로 나아감

그가 18세쯤 되었을 때 부모님이 별세하자 가정과 여동생을 책임지게 되었다. 부모님이 돌아가신지 여섯 달쯤 되는 어느 주일이었다. 그는 교회에서 복음서를 공부하며 묵상하던 중 "네가 온전하고자 할진대 가서 네 소유를 팔아 가난한 자들을 주라. 그리하면 하늘에서 네 보화가 네게 있으리라. 그리고 와서 나를 좇으리라 하시니"[30]는 말씀이 그의 가슴을 요동치게 했다. 그는 머뭇거림 없이 순종했다. 여동생에게 일생동안 필요한 것을 나눠준 다음 부모에게 상속받은 수많은 재산을 팔아 가난한 자들에게 분배해주었다. 그 후 그는 고난이 엄습하는 광야로 나아가 제자의 길을 걸었다. 이것은 절대자와의 관계성을 추구하는 훈련의 길을 걸어가기 시작한 것이다.

4. 그리스도를 닮는 일편단심

안토니는 처음에 사람들이 사는 주변의 동네에서 은자들과 함께 수도생활을 시작했다. 세상적인 삶으로부터 전적으로 이탈하여 초인적인 자기 훈련을 통하여 악한 정욕과의 싸움을 싸웠다. 그는 큰 뜻을 품고 그리스도를 닮는다는 일편단심의 소원을 가졌기에 그의 수도생활은 단순히 금욕을 위한 수도생활을 넘어서는 것이었다. 안토니는 이집트 사막의 고독을 택하여 걸었던 그 걸음은 오직 그리스도를 닮는 목표를 이루기 원했다.

세상과 구별된 삶 때문에 물질의 소유를 포기했고, 주님께서 영혼을 사랑하는 연민의 정을 따르기 위해 세상의 유익을 포기했다. 묵상을 위한 기도의 삶을 위해 세속적 활동을 마다했다. 광야 훈련 길에서

교활하고 끈기 있는 그리고 흉악한 마귀와의 치열한 영적전투를 하면서 끝내 그들을 극복하여 묵상의 모범을 보여주면서 영성의 지도력을 쌓아가게 되었다.

5. 은둔생활 추구 20년

그후 안토니는 사막으로 점점 더 깊이 들어가서 폐허가 된 성터에서 20년 동안 사람을 만나지 않고 혼자 수도생활을 추구하며 지냈다. 그의 친구들이 그를 찾아갔을 때 그의 몸은 이전의 상태를 유지하고 있었다. 세속사회 속에서 안토니에게 몰려오는 수도사들에 의해 사막은 도시를 이루었다. 그의 수행과정은 성경읽기와 묵상의 기도생활, 사랑과 자비행위, 손 노동, 가난한 삶을 통한 매우 심플한 영성추구의 삶의 전통을 남긴 것이다.

6. 은사적 지도자

안토니는 현실세계로 되돌아와 은사적 지도자로서 영적 아버지로서 사역한다. 그는 이제 사막(사막 안의 굴같이 형성된 장소)생활과 세상에서의 생활을 서로 왕래한다. 그는 성령으로 충만한 수도자요, 아파테이아에 도달하는 것이 수도생활의 목표였다. 안토니는 사막에서의 생활에 있어서 지속적인 기도와 명상, 성경에 대한 암송, 묵상이 주를 이루었고 시편과 더불어 기도하며 영적으로 각성하는 삶을 살았다.
안토니는 많은 사람들을 하나님에게로 인도했고 자비를 행하였고 귀신을 쫓아내고 신유의 기적을 일으켰다. 안토니로부터 수도원이 창시(創始)되고 수도원에 들어온 제자들은 겸손과 순종을 통해서 영적인 삶에 도달하기를 추구하면서 영성의 덕목을 쌓아갔다.

〈도표-13〉 **St. 안토니의 영성 방법-8가지**

안토니의 영성 방법 8가지	
첫째 **세속 떠남** **묵상 영성**	세속에서 떠나 은둔하면서 수도 생활의 영성을 개발했다. 안토니가 은둔자의 삶을 최초로 시작한 것은 아니나 안토니의 공헌은 수도생활의 처소를 확립된 사회의 주변으로부터 황량하고 고립된 사막의 처소로 옮긴 것이다
둘째 **묵상 훈련** **믿음 덕성**	지속된 영성의 훈련으로 영성의 믿음과 덕성을 쌓았다. 그는 지식이나 교양이 부족하였으나 신성한 지혜가 있었다. 안토니는 당시 논리학을 배우지 않았고 정규 교육과정을 밟지는 않았으나 영적 훈련으로 인하여 지식보다는 믿음과 덕성을 강조했다. 그의 가장 중요한 덕은 겸손이었다
셋째 **십자가 묵상** **능력 증거**	십자가 능력을 증거했다. 그는 십자가에 달리신 예수 그리스도에 대한 고난에서 발생되는 그리스도의 믿음과 십자가 능력을 증거했다
넷째 **묵상 영성** **마귀와 투쟁**	영성의 삶은 마귀와의 투쟁을 강조했다. 마귀는 믿음이 깊은 자들에게 아무런 해를 끼치지 못하는 존재임을 말하며 마귀를 두려워하거나 마귀를 쫓아내었다고 자랑해서는 안된다고 했다
다섯째 **묵상중 정통** **신앙 견지**	교리적으로 아리우스파의 이단성을 비판하면서 정통사상을 견지했다. 그리스도는 하나님과 동일한 본질을 지니신 완전한 하나님이라고 증거함으로 아다나시우스는 안토니를 정통 신앙의 대표적 인물로 묘사하고 있다
여섯째 **묵상중 치유**	은둔하면서 묵상하는 영성은 세상 속에서 사람의 치유자요 조언자 역할을 했다
일곱째 **묵상 겸손** **훈련**	인격이 겸손했으며 교회 지도자들과 원만한 인간 관계를 유지하는 비결은 그의 원할한 인성이었으며 이는 그가 추구하는 묵상의 훈련으로 가능했다
여덟째 **성령 열매의** **묵상 훈련**	안토니는 성령의 열매를 맺는 인격적 성숙, 완전을 중요시하여 그가 추구하는 묵상 훈련은 삶의 과정 속에 매우 중요한 우선순위로 실행하였다

7. 현대 묵상 영성의 모범

광야의 수도원운동은 안토니를 중심으로 하여 시작하고 발전해 나갔다. 동방교회는 안토니를 성령이 충만한 사람이요, 그리스도인의 모델이며 그리스도 다음으로 그리스도와 가장 가까운 사람으로 보았다. 그는 전문적인 종교인으로서가 아니라 보통 그리스도인으로서 단순하고 소박하게 사는 묵상의 영성적 삶을 추구했다. 그는 영적훈련을 통해서 영성을 개발했으며 많은 사람들에게서 마귀를 내쫓았고 정신병을 앓고 있는 사람들을 치유해 주었다. 안토니로부터 시작된 수도원운동의 특징은 금욕생활이었으며, 영성을 훈련하는 최선의 길이었다. 이러한 안토니의 삶과 수도적 사상은 한국교회와 지도자나 그리스도인들을 위하여 묵상의 영적각성의 본이 된다. 더 나아가 성화를 강조하는 안토니의 동방교회 수도사상은 의인화을 지나치게 강조하여 오늘날 그 영성을 쇠퇴하고 있는 실정이다. 바라기는, 서구교회가 잃어버린 묵상적인 영성을 다시 세우기를 바라는 바가 크다.

오늘날 1200만의 성도를 자랑하는 한국교회가 윤리적으로나 사회적으로나 본이 되지 못하고 있는 이때에 성 안토니의 영성은 우리에게 많은 귀감이 될 것을 믿어 의심치 않으며, 특히 우리 그리스도인과 목회자들은 성 안토니의 겸손과 순종의 생활을 본받아야 할 것이다.

iii. 사랑의 영성, 중세기 인물

1. 사랑을 강조하는 영성-아시시의 프란시스[31]

묵상의 전통은 존재의 능력에 중점을 두고, 카리스마의 전통은 행동의 능력에 중점을 둔다.[32] 이것은 그리스도인의 삶과 믿음에 있어 성령의 열매인 사랑의 은사의가 부어지는 것과 성령의 사랑의 열매를 삶 속에서 무르익게 하는데 핵심적으로 작용하게 한다. 또한 이것은 사랑의 강점의 힘을 공급받는 영성을 말하는데, 묵상 중에 역사하는 성령의 능력으로 가능한 일이다.

2. 중대한 전환점

중세기 절정기 시절에 살았던 청년, 프란시스(Francis)가 20대 초반 때 이웃 도시와의 피비린내 나는 전쟁을 위해 집을 떠났고 거기에서 전쟁 포로로 잡히게 되었다. 일년 동안의 포로생활과 집으로 귀환한 후 일년 동안의 요양기간은 그에게 중대한 전환점이 되었다.

그는 계속해서 깊어지고, 변화하는 은혜를 체험했다. 산 다미안의 허물어지고 버려진 교회에서 은둔생활을 하던 그에게 교회 십자가에서 들려오는 소리를 듣게 된다. “내 교회를 다시 지으라!”는 하나님의 말씀을 듣고 순종하여 교회를 수리하다가 영적인 재건축까지 하게 되었다. 이런 계기를 통해 프란시스의 영성은 더욱 깊어져 갔다.

3. 성령의 카리즘의 능력의 삶

프란시스의 모든 행동과 언어, 삶의 철학은 성령으로부터 발생하는 두드러진 능력이 매우 강한 영성으로 작용된다. 행동의 능력으로 드러나는 카리즘은 그 앞에 어떤 세속적인 세력이 감당하지 못하게 되었다. 많은 증거와 능력의 사건들과 기적들이 있다. 성 메리 교회와 그 교회의 주변 숲이 불길에 휩싸인 것을 보고 동네 사람들이 불을 끄기 위해 황급히 언덕의 교회로 올라왔으나 교회와 숲이 불이 나지 않았다.

교회 안에서 프란시스와 클레어, 그의 친구들이 식탁에 들러 앉아 묵상함으로 하나님께 넋을 빼앗겼고 하늘로서 임하는 능력에 싸여 있는 광경을 목격한 것이었다. 이 놀라운 사건의 결과로 아시시의 사람들은 그들의 성령의 카리즘으로 인하여 마음에 큰 위안과 거룩한 도전을 받고 감화되어 그 도시는 성시화 되어 갔다.

4. 중세 수도원 탄생-프란시스 수도원

주님의 본을 따라 청빈한 삶을 살아가기 위해 세워진 단체가 프란시스칸 수도원 공동체였다. 나중 이 수도원은 도미니크 수도원과 함께 중세시대의 영적인 기류를 리드하게 되었다. 농업을 장려하고, 학교를 세우고, 소외 계층을 구제하고 사회적으로 큰 역할을 감당하게 했다.

ⅳ. 말씀 묵상의 영성, 초대사 인물

1. 말씀 묵상을 강조하는 영성-히포의 어거스틴[33]

그리스도의 삶과 믿음의 말씀에서 자연적으로 분출되는 영성은 복음의 좋은 소식을 선포하는 능력에 근거를 둔다. 하나님의 권능으로 말씀을 마음 속에 받아들여 변화됨으로 생명의 절박한 필요를 채우는 이 사역은 말씀을 강조하는 영성으로서 설득력을 갖는다.

초대 교회사에 있어서 어거스틴은 말씀의 보호를 받지 못할 때, 세속의 늪으로 빠졌지만, 다시 말씀의 보호를 받으면서 주 앞으로 돌아 올 수 있었다.

2. 힘든 갈망

어거스틴은 북아프리카 타카스테에서 354년 11월 13일 출생한다. 그 후 카르타고의 청소년 시절에 선함, 진리, 아름다움 그리고 하나님을 찾는 추구의 시작으로 인생의 갈등을 일찍부터 겪게 된다. 16세에 종교적인 의무의 숲에서 세속(世俗)의 늪으로 빠져서 16년 동안 온갖 추잡한 죄의 과정을 거치며 혼란의 과정을 걷는다.

3. 예수 그리스도로 옷 입으라

그러다 32세에 주님을 그의 영혼의 안마당에 모셔 들이므로 새로운 삶을 형성한다. 그후 40년 동안을 히포의 어거스틴은 대 교구의 감독으로 성자의 삶의 길을 가꾸며 진리의 주옥같은 여정을 수놓는다. 그 과정에서 어릴 때 철모르게 저질렀던 일들을 새삼 들먹거리면서 [참회록][34]이라는 불멸의 영성의 금자탑을 쌓아 올리게 된다.[35]

4. 로고스(Logos)에서 레마(rhema)로 묵상

하나님의 말씀이 기록된 하나님의 로고스 말씀을 통해 레마의 기능을 다하는 치료와 구원의 은혜를 공급하게 하신 것은 얼마나 감동적인가? 어거스틴은 그의 영혼 깊숙이 깨우는 통찰의 은혜가 얼마나 위대한 일인가?에 대하여 찬사를 아끼지 않는다.

5. 가장 유명한 교회 현장의 이야기
(성경에 기록된 일들을 제외하곤)

"나는 늦게 아주 먼 옛날의 아름다움이요, 아주 새로운 아름다움인 당신을 사랑하게 되었습니다. 늦게 당신을 사랑하게 되었습니다. 당신은 부르셨고 당신은 외치셨고, 당신은 나의 무지를 산산이 부쉈습니다. 당신은 향내를 풍기셨고, 나는 숨을 들이 마셨고, 당신을 갈망했습니다. 나는 맛보았고, 굶주리고 목이 마릅니다. 당신은 나를 만지셨고, 나는 당신의 평강을 갈망했습니다". 이렇듯 어거스틴은 밀라노의 정원에서 마침내 주님의 생수 같은 말씀 안에서 진정한 평강을 찾았다.

v. 하나님 중심의 영성, 근세사 인물

1. 하나님 중심의 묵상을 강조하는 영성
-개혁신학자 존 칼빈

'진정한 영성 묵상'은 오직 '하나님'만을 위한 것'

"말씀을 제지하면 신앙은 남지 않을 것이다."36) 하나님의 거룩하신 말씀 외에는 어떠한 곳에서도 하나님을 찾지 않을 것,[37] 하나님의 말씀에 부합되는 것 외에는 하나님에 대해서 어떠한 것도 생각지 않을 것, 혹은 하나님의 말씀으로부터 나오지 않은 것은 어떠한 것도 말하지 않는 정신이다."[38]

2. 오직 은혜를 강조하는 영성 묵상

'Sola Gratia'-'오직 은혜'란, 구원은 인간의 행위나 공로에 의해서가 아니라, 오직 하나님의 은혜로 된다는 교리이다. 이 은혜의 교리는 모든 기독교 교리 중 그 중심에 자리한다. 이것은 이 교리를 받아들이고 안 받아 들이고에 따라서 든든히 설 수 있거나 넘어질 수 있는 것이다. 또 구원과 멸망이 가늠되는 것이다. 은혜의 교리는 기독교 변증에 있어, 으뜸되고 본질적인 내용이라는 것을 칼빈은 매우 강조했다.

칼빈은 은혜의 진리를 성경에 근거를 삼았다. 그리고 그 만큼의 은혜를 선포하고 그에 대한 의무를 이행하고자 묵상하며 영성의 삶을 살았다. 칼빈은 바울이 기록했던 성경을 인용하면서, "하나님의 은혜는 너무 광대해서 그 말씀을 수용하는 자들이 인간의 좁은 생각으로 잘못하여 남용할 만큼의 큰 은혜라고 했다"(롬6:1).

실제로 칼빈은 하나님의 소중한 진리의 은혜를 인간이 남용할 수 있다는 점에 대한 경계심을 늦추지 않았다. 만일 우리도 듣는 청중들이 남용할 위험이 있을 만큼 하나님의 큰 은혜를 증거하지 못한다면, 그것은 진정한 의미에서 하나님의 은혜를 전한 것이 아니다.[39] 이 은혜의 교리는 인간이 자신의 구원을 위해 최소한의 뭐라도 해야 한다고 가르치는 세상의 종교들과 구별 짓는 독특한 요소이기도 하다.

칼빈은 자신의 영성 묵상의 삶으로 주장한다. “하나님은 그리스도 안에서, 은혜로 죄인을 구원하시기로 작정하셨다. 죄인들은 다만 하나님이 제공하시는 그 호의를 받아들임으로써 모든 것을 자기들의 것으로 삼게 하셨다. ‘일을 아니할지라도 경건치 아니한 자를 의롭다 하시는’[40] 은혜로운 하나님은 그럴만한 가치나 이유가 없는 자들에게 즐겨 자비를 베푸시며, 그러한 자비를 기대하며 나아오는 자들을 결코 물리치는 법이 없다”.[41] 이것이 하나님 은혜를 선포하는 기독교이며 칼빈은 이 중요한 사실을 자신의 개혁을 정리하면서 일상적인 삶으로 증거했다.

3. 불가항력적인 은혜를 강조하는 영성 묵상

칼빈은 묵상 중에도 그 심중에 그렇게 인정하고 있다. 하나님은 누구에게나 은혜를 베푸신다. 전혀 그 사람의 장점이나 선을 고려하지 않는다. 하나님은 오직 우리의 기쁘신 뜻에 따라, ‘그리스도 안에서’ 은혜 베푸시기를 기뻐하신다. 그리고 죄인들은 다만 그의 자비를 받아들임으로 그를 영화롭게 하는 것이다. 하나님이 사랑을 베푸실 때 죄인이 할 일은 오직 ‘아멘’으로 받는 것뿐이며, 그것이 곧 겸손이요, 하나님 경외의 태도이다. 이러한 경외심을 바탕으로 죄인은 하나님께 영원히 찬양을 돌리게 된다.[42]

칼빈의 영성의 묵상 신앙은 불가항력적인 은혜를 강조했다. 인간이 자신의 몸부림으로 그의 은혜를 추구해 가는 것이 아니다. 하나님은 단지 우리(나)의 노력과 공로에 따라 은혜를 받을 수 없다는 것을 명백히 주장한다. 만약 자신의 노력 여하에 따라 은혜를 받는다면, 이런 믿음은 ‘오직 은혜’의 종교개혁 정신을 무너뜨린다.[43] 성경 어느 곳에도 은혜를 받기 위해 무엇을 하라고 요구한 곳은 없다.

하나님은 목마른 자들에게 "돈 없이 값없이 와서 포도주와 젖을 사라"[44]고 초청하신다. 인간에겐 은혜를 입기 위해 지불할 수 있는 것은 아무 것도 없다. 뿐만 아니라 인간이 보속(補贖)할 수 있는 것은 이미 은혜가 아니며, 이러한 불완전한 은혜로는 죄인을 구원할 수도 없다.

4. 하나님 은혜에 대한 진정한 영성의 묵상

진정한 기독교 영성은 인간이 하나님을 위해 해야 할 일을 따지기에 앞서, 죄인을 위해 베푸신 하나님의 은혜를 먼저 헤아리는 것이다.[45] 그리고 누구든 거저 주시는 하나님의 은혜를 받아들이기만 함으로서, 자신의 것이 되는 것이라고 믿었다. 그러나 자신은 너무 악하여 구원을 받을 수 없다는 오만한 겸손한 자나, 은혜를 거부하는 불 신앙자에게는 그 자비가 중단된다고 경고한다. 인간은 하나님의 자비를 받을 의무만 있을 뿐, 거부할 권리가 그에겐 없기 때문이다.[46]

적용

1. 바울이 묵상하는 영성의 근거는 무엇입니까?

2. 바울의 묵상은 어떤 결과를 가져다 주었습니까?
(관련된 도표를 참고하세요)

3. St. 안토니의 ( ) 20년 동안 영성방법은 무엇입니까?
St. 안토니는 ( )를 닮는 일편단심의 묵상이었습니까?

4. 사랑을 강조하는 영성의 주역은 누구입니까?
그로부터 중세에 탄생한 단체가 어떤 곳입니까?

5. 히포의 St. 어거스틴의 묵상의 영성은 로고스(logos)에서 레마(rhema)의 의미를 정리해 보세요.

6. 오직 은혜를 강조하는 영성에 대해 생각나는대로 정리해 보세요.

Sola Gratia

제6장

묵상의 삶의 본을 보인 선교사

i. 선교사와 묵상

1. 윌리암 캐리(Williams Carey, 1761-1834)

"하나님으로부터 위대한 일들을 기대하라"(Expect great things from God). "하나님을 위해 위대한 일들을 시도하라"(Attempt great things for God). 이 두 캐치 프레이어는 윌리암 캐리의 평생 동안 위대한 선교사역을 세계 곳곳에서 이끌고 갔던 동인(動因)이기도 했다. 그리고 이 글이 윌리암 캐리[47]의 비문에 그의 일생을 요약하는 글로 적어 놓았다.

-평생 성경을 2백번 통독하는 중, 싫증 느끼지 않음

나는 평생 동안 성경을 1백 번, 또는 2백 번이라도 읽었다. 그런데 도중에 단 한 번도 싫증을 느낀 적이 없다. 내가 성경을 읽지 않았던 처음 믿었던 3년은 “잃어버린 시간이었다”. 이때는 기쁨도 사명도 느끼지 못하던 날 들이었다고 고백했다.

하루라도 하나님의 말씀을 먹지 않으면 영적인 활력을 얻을 수 없다. 이 고백은 새삼스러운 것이 아니라 늘상 하던 고백이다. 나의 영적 생활의 활력은 매일 성경을 읽느냐. 안 읽느냐는 문제와 정비례 한다. 60년의 체험을 통해 담대히 말할 수 있다.

-성경 묵상 통해 언어(히브리어,헬라어,라틴어) 습득

성경을 매일 묵상하기 시작하면서 마음에 기쁨이 넘쳤고 하나님의 복을 깊이 경험했다. 그는 성경 묵상을 통해 독학으로 헬라어와 히브리어, 그리고 라틴어를 습득했다. 성경 전체를 6개 언어로 번역했으며 다른 언어로는 부분적으로 29개를 번역했다.

2) 윌리암 캐리는 근대 선교의 아버지48)

윌리암 캐리는 세계 선교에 대해 무관심하던 18세기 영국에서 조직적으로 선교운동을 일으켰다. 그는 구호만 외치는 것이 아니라 자신이 인도 선교의 현장으로 나가 선교활동을 감당했다. 그리고 인도의 44개 언어로 성경을 번역하였다. 그는 근대 선교의 새장을 연 "근대 선교의 아버지"로 선교 신학계에서는 칭하고 있다.

-묵상하면서 천재적 은사 받음

어느날 그는 물욕(物慾)으로 주인의 돈을 훔쳤다. 거짓말을 했다가 들통나게 되었다. 그는 이로 인해 수치와 비난과 양심의 가책을 받았다. 이를 계기로 간절히 예수님을 찾고, 마침내 예수님을 진심으로 그리스도로 영접하게 되었다. 그 후로 그는 마을 사람들의 부탁으로 평신도 설교하는 사역자가 되었다. 그는 묵상하면서 평신도 앞에서 설교를 하면서 21세 되던 해 침례교단에서 목사안수를 받았다. 그는 어학에 천재적인 은사가 있었고 성실한 노력파였다. 한 손에는 망치를 들고 구두 수선을 하면서 옆에 놓인 책을 읽었다.

-위대한 일을 묵상하며 실천함

그는 23세 되던 어느 날 쿡(Cook) 선장의 "마지막 항해"라는 책을 읽고 세계 선교에 눈을 뜨게 되었다. 케리는 그 책을 통해서 복음을 알지 못해 죽어가는 이방인의 비참한 모습을 보았다. 그는 그 책을 통해서 하나님의 음성을 들었다. "내가 누구를 보내며 누가 우리를 위해 갈꼬?" 그는 이 때 심령으로 대답했다. "내가 여기 있나이다. 나를 보내소서!" 이때부터 묵상을 통해 세계선교를 위해 기도하기 시작했다. 그는 7년간 세계 선교의 필요성에 대한 캠페인을 벌이고 끈질기게 사람들을 설득하여 드디어 1792년 '침례교선교회'라는 단체를 설립하기에 이르렀다. 아무도 그를 도와주지 않고 배척했지만, 하나님으로부터 위대한 일을 기대하고 하나님을 위해 위대한 일을 시도했다.

3) 인도 선교사로 파송 받음

-가족의 외면을 묵상으로 극복함

1793년 그가 32세 되던 해 케리는 인도 영혼에 대한 상한 목자의 심령으로 인도 선교사로 가고자 결단했다. 가족은 그에게 선교에 아주 미쳐버렸다고 배척했다. 그의 아내는 그가 못가도록 울며 말렸다. 그러나 캐리는 묵상 중에 하나님의 부르심을 굳게 붙들고 그의 아내를 설득하여 세 아이와 의사 선교사인 토마스 박사와 함께 네덜란드 상선을 타고 인도로 갔다.

-인도의 샤머니즘의 영성을 성경 묵상으로 극복함

그가 캘커타에 도착했을 때 인도인들이 칼리라는 성전에서 염소를 잡아 제물로 바치는 모습을 곳곳마다 볼 수 있었다. 힌두 과부들은 사티(Sati)라고 해서 남편이 죽으면 함께 불에 태워 장사 지내는 종교적 관습을 지켜봤다. 이로인해 매 년 만 여명의 과부들이 남편과 함께 희생 제물로 죽어갔다. 또 갠지스 강가에서는 "갠지스강의 여신이여 영광을 받으소서!"하며 어린 아이를 강물에 던지는 의식을 자주 볼 수 있었다. 던져진 어린 아이는 곧장 악어에 의해 먹혔는데 인도 정부도 이 여신 숭배를 막을 수 없었다. 그러나 윌리암 캐리는 악한 영에 사로잡힌 인도의 샤머니즘을 성경 말씀의 묵상으로 극복했다.

-가족을 잃는 슬픔을 묵상으로 극복함

캐리는 선교를 할 때 자립을 원칙으로 했으며 7-8개의 선교사 가정으로 구성된 선교단을 만들어 공동의 힘으로 선교를 기울이는 것이 효과적이라고 보았다. 그는 인디고식물을 취급하는 한 공장의 감독일을 하며 선교비를 벌고 선교의 기초가 되는 인도어 정복에 온 힘을 기울였다. 그리고 그는 인도에 온 지 1년 만에 인도어 성경 번역을 시작했다. 그는 이질을 앓는 중에서도 성경 번역하는 일을 쉬지 않았으며 사랑하는 아들을 이질로 잃는 슬픔을 당하기도 했다.

-인도 선교현장에서 위기를 묵상으로 극복함

경건을 유지하며 묵상을 이어간 캐리는 30년에 걸쳐 30여명의 선교사가 인도에 파송되었다. 1800년, 동인도 회사의 추방명령을 당하고 케리와 선교 동역자들은 덴마크 세람포르로 선교본부를 옮겼다. 그는 초기 선교시기에 인도에 온 지 7년만에 첫 개종자 힌두인 크리슈나를 얻었다. 크리슈나는 "자기 죄를 숨기면 큰 고통이 따르나 죄를 고백하면 자비를 받는다."를 주문처럼 외우며 예수 그리스를 영접했다. 크리슈나와 그 가족이 카스트 제도를 파괴하고 신앙을 고백하자 2천명의 군중이 크리슈나를 재판장에게 끌고 갔다. 그러나 점점 개종자는 늘어나고 평민계급인 크리슈나의 딸과 최고 계급인 브라만 개종자 간에 결혼이 이루어짐으로써 카스트 제도에 대해 영광스러운 승리를 거두었다.

4) 윌리암 캐리의 성경번역 사업

-총 44개의 언어로 성경 번역 출감함

성경번역은 1802년 캐리가 인도에 온 지 9년만에 벵갈리어로 완역되어 출간되었는데, 그의 묵상을 통한 결과였다. 그후 6년 후 산스크리트어로 출간한 것을 힌두어, 마하라스티아어, 오리아어, 텔링가어 등 인도 방언들과 보탄어, 버마어, 중국어, 말레이어 등 총 44여개의 언어로 번역 출판되었다. 이것은 대학 교수도 박사도 아닌 구두 수선공 출신 캐리와 인쇄공 출신 마쉬먼과 마을 학교 교사 출신인 워드(Ward)가 오로지 인도 선교에 대한 불타는 열정으로 이루어 낸 위대한 역사였다. 캐리는 40세에 영국 총독이 세운 포트 윌리엄 대학 교수로 초빙받아 벵갈리어 산스크리트어를 가르쳤다.

-19세기 프로테스탄트 선교역사의 획을 그음

윌리엄 캐리는 묵상을 통해 하나님으로부터 위대한 일을 기대하고 하나님을 위하여 위대한 일을 시도함으로 프로테스탄트의 인도 선교의 기초를 쌓았다. 그의 위대한 기대와 시도는 18세기의 타락한 영국을 선교사를 파송하는 나라로 만들었고, 전세계적으로 19세기 프로테스탄트 선교 역사에 가장 중요한 자극제가 되었다. 케리는 1834년 73세를 일기로 그의 선교지 인도 땅에서 일생을 마쳤다.

2. 아도니람 저드슨(Adoniram Judson, 1788-1850)

1) 미국 최초 해외 선교사–버마 기독교의 그루터기

아도니람 저드슨[49]은 미국 최초의 해외 선교사였고 버마(지금의 미얀마)에서 일생 동안 복음을 전했던 선교사였다. 그의 선교사역으로 인한 수많은 버마 영혼들이 주님께로 돌아왔으며 버마 기독교 역사의 그루터기를 형성했다. 또 수많은 버마 영혼들이 주님께 돌아왔으며 버마 기독교 역사의 그루터기를 형성했다. 그가 하나님을 향한 경건을 통해 영혼을 향한 정신과 희생의 삶은 지금도 많은 하나님의 종들 마음 가운데 남아있으며 계승되고 있다.

2) 버마(미얀마)인들의 영적 아버지

그의 묵상의 열정은 인간적인 눈으로 볼 때는 참으로 비참했다. 사랑하는 아내와 많은 자식들이 비참한 모습으로 병들어 죽어갔고, 그 또한 많은 질병과 고독 속에서 너무나도 초라한 모습으로 생을 마감했다. 하지만 그는 진정 버마인들의 영적 아버지였다. 그의 눈물과 핏방울의 헌신은 버마인들의 생명의 양식이던 버마어 성경을 잉태했으며, 또한 영어–버마어 사전을 잉태했다.

3) 아침에 주를 기다리는 묵상

선교에 한 수(手)를 배우기 위해 인도에서 사역하고 있는 윌리암 캐리를 찾아가서 어떻게 어려운 상황 가운데서도 선교 사역을 지속할 수 있었는가? 윌리암 캐리는 아들을 먼저 하나님 품에 보냈고 아내가 정신 질병을 앓았고, 주변에 동역자들이 많았지만 그 시간에도 반응하지 않고 번역에 집중했던 '힌디 성경'이 불타는 일 등 수 많은 역경을 겪었다. 이 같은 상황에서도 선교사역에 지속적으로 집중할수 있었던 힘은. 아침마다 일어나 잠잠히 주님을 기다리는 묵상의 시간 때문에 가능했다.

3. 조지 뮬러(George Muller, 1805-1898)

1) 말씀 묵상이 끝나야 일과를 시작함

조지 뮬러[50]의 묵상기도에 대한 다짐이다. "나는 항상 하나님과 그분의 말씀을 충분히 묵상하지 않고는 절대로 일과를 시작하지 않기로 규칙을 세웠다". 널리 알려진대로 그가 실행하는 묵상의 원칙은 근대 교회사에서 충분하게 묵상하는 사역자로서 대단한 평가를 받는 인물임에 틀림없다. 그의 고백으로서 자신의 생애 마지막에 남긴 마무리 말은, "묵상의 대가(代價)로 내가 받은 놀라운 축복"이라고 했다.

2) 목회자, 고아의 아버지

조지 뮬러는 비행(非行) 소년에서 전설적인 기도하는 경건의 사람으로 성장해 갔다. 따라서 그의 삶은 온통 기도로 점철되어 5만 번이나 응답해 주신 하나님의 전적인 축복을 경험할 수 있었다. 그러나 그는 기도의 응답을 받은 것으로 끝나는 것이 아니라 남에게 베푸는 삶으로 이어졌다. 그는 노트에 기도 제목과 날짜를, 한쪽에는 기도 응답을 받은 날을 적었다. 그리고 분명하게 응답 받기 원하는 성도들에게 자신의 방법을 권했다. 그는 오직 하나님만이 부족함 없이 간구를 응답해 주시는 분이라고 묵상의 진한 고백을 했다.

2) 조지 뮬러의 충고

뮬러는 우리가 언제까지 기도해야 하는지 다음과 같이 충고한다. "기도를 시작하는 것으로는 충분하지 않습니다. 바른 기도를 했다고 또는 얼마 동안 기도했다고 해서 만족해서는 안 됩니다. 중요한 것은 우리가 인내와 믿음의 자세로 응답받을 때까지 계속 기도해야 한다는 것입니다. 하나님이 우리의 기도를 들으시고 응답해 주실 것을 끝까지 믿어야 합니다. 종종 우리가 실패하는 이유는 축복을 받을 때까지 계속 기도하지 않고 그런 축복을 중간에서 포기하기 때문입니다".

4. 선다 싱(Sadhu Sundar Singh, 1889-1933?)

히말라야 지역의 선교사 선다 싱[51]은 인도인이요 인도의 성자(聖子)라 부른다. 그는 인도. 네팔과 부탄에서 복음사역을 감당했다.

1) 선다 싱이 말하는 묵상 기도의 본질

> "나의 반석이요 나의 구속자이신 여호와여 내 입의 말과 마음의 묵상이 주님 앞에 열납되기를 원하나이다"(시119:14).

묵상 기도의 본질은 하나님께 무엇을 요구하는데 있지 않고 하나님께서 우리의 마음을 열고 그와 함께 이야기하며 계속적인 영교((靈交)로 그와 함께 사는데 있다. 기도는 나를 완전히 하나님께 맡기는 것이다. 기도는 우리가 원하는 모든 것을 하나님께 요구하는 것이 아니며, 차라리 생명의 부여자인 하나님 자신을 요구하는 일이다. 기도는 요구하는 것이 아니고 하나님과 결합하는 것이다. 기도는 사람 편에서 하나님을 이기려는 방법이 아니요, 하나님을 봉사하는데 있어서 사람이 하나님을 이기는(가까이 이르는) 노력이다.

2) 맨발의 성자, 묵상 기도 영성의 대가

히말라야의 성자들 가운데는 그리스도의 사랑으로 충만한 사람을 꼽았는데, 이 있었는데, 그가 바로 맨발의 성자 선다 싱(Sundar Singh, 1889~1926)이다. 기독교가 자본주의와 제국주의의 충실한 동반자로 전락했던 시기에, 그는 꺼져가는 그리스도의 정신을 다시 살려낸 불꽃으로 살았던 빛의 성자였다. 또 온전한 인도인이면서 그리스도성을 온전히 구현한 묵상 기도의 영성의 소유자이기도 했다.

3) 맨발로 걸식하면서 묵상 기도로 사랑의 삶 실천

썬다 싱의 무소유는 가족과 가문, 부와 권력, 지위와 명예를 모두 버린 것에 그치지 않았다. 어떤 거처나 은신처도 없이 살았던 그는 때로는 나뭇가지 위에서, 때로는 동굴에서, 때로는 길바닥에서 거리의 사람으로 떠돌면서 그리스도의 사랑을 실천하였다. 인도 고유의 전통에 따라 머리에는 터빈을 쓰고, 몸에는 누런 가사를 걸치고, 아무것도 신지 않은 맨발로 걸식하면서 이 마을 저 마을로 유랑하는 철저한 무소유의 삶, 철저한 묵상 기도로 사랑의 삶을 살았다.

4) 히말라야 산맥을 넘던 감동적 실화

티벳인 한 명과 동행하여 열 번째로 히말라야를 넘던 날의 썬다 싱이 겪은 실화는 감동적이다. 만년설로 덮여 있는 히말라야에서는 여름에도 눈사태가 일어나거나 폭설이 내리기도 한다. 그날도 갑자기 내린 눈으로 산길이 모두 막혔다. 다음은 눈보라 치는 추위 속을 뚫고 나가다가 얼어 죽은 사람을 발견했을 때의 실화였다.

시야에 웅크리고 있는 동사체 하나가 나타났다. 얼어 죽은 모양이었다.(중략) 선다싱은 동행에게 구조하여 업고 가자고 제의하였다. 동행은 "그러다가는 우리도 얼어 죽소. 나는 살아야겠소!"하며 매정하게 고개를 젓고는 가버렸다. 선다싱은 그의 생사를 확인하니 아직 살아 있긴 했으나 넘어져 다친 데다가 몸이 얼어 죽기 직전이었다. 그를 들쳐 업었다.(중략) 업었다가 붙안았다가 하면서 휘청거리는 발걸음을 옮긴지 몇 시간이 지났을까? 고갯마루에 거의 다다른 선다 싱의 시야에 또 다른 동사체가 나타났다. 가까이 가서 살펴보니 살겠다고 먼저 가버렸던 그 동행인이었다. 눈 속에 파묻히다시피 웅크리고 쓰러진 그는 이미 꽁꽁 얼어 죽어 있었다.(중략) 둘은 서로의 밀착된 체온이 내는 열기로 살아남았는데, 목숨을 건지겠다던 사람은 혼자의 체온이 식어버려 결국 목숨을 잃었다.52)

5) 묵상 기도 수행 중 예수의 모습 봄

그는 14살에 죽은 어머니에 대한 상실감 때문이긴 하지만, 심지어 성경을 찢고 불태우기까지 하였다. 성경을 불태운 이후 더욱 가중된 불안감에 지배된 그는 자살을 결심하고 새벽 3시에 일어나 신에게 절박한 기도를 한다. “오 신이여, 당신이 존재한다면, 나에게 바른 길을 보여주세요. 그러지 않으시면 저는 자살할 겁니다.” 그는 실제로 신의 응답이 없으면, 매일 아침 5시에 마을을 통과하는 열차에 몸을 던질 생각으로 똑같은 간청을 다시 반복하며 묵상기도에 임했다. 그때 갑자기 찬란한 광채의 빛을 보았고, 그 빛 속에서 예수의 모습도 보았다. 힌디어로 말하는 소리가 들렸다. “얼마나 더 걸려서 나를 찾으려 하느냐? 너는 바른 길을 구하였다. 그러면서도 왜 그 길을 따르지 않았느냐?” 그 말에 선다는 예수가 죽지 않고 살아 있음을 깨달았고, 놀라운 평화와 기쁨을 경험하여, 성자의 삶으로 변모하기 시작했다.

5. 길선주 목사(吉善宙, 1868-1935)

> 길선주 목사[53] 그는 성경 신학자이며 설교자, 전도자였다. 우선 그가 신구약 성경을 30독이나 한 ‘성경독파자’(聖經讀破者)이다. 여기서 그치지 않고 창세기, 에스더, 이사야는 540독, 요한계시록은 10.000독, 요한 서신서 500독을 독파한 성경 영성의 목회자요 성경을 암송하고 묵상하는 삶을 살았던 그는 분명히 한국을 대표하는 묵상을 근거하는 영성의 대가(大家)이다.[54]

1) 새벽기도의 묵상적 영성의 창시자

길선주 목사는 한국 근세사에 뛰어난 웅변가요 계몽운동가였다. 그와 동시에 ‘조선의 독특의 신학자’이며, ‘한국교회의 아버지’로 불렸다. 그는 유불선을 두루 섭렵한 10수년의 구도자적 삶과 바울과 고넬료에 버금가는 놀라운 회심과 하나님을 체험했다. 그리고 새벽을 중심으로 묵상기도와 독송과 근면의 한국적 영성과 묵상의 기초를 놓았다.

2) 1907년 대 부흥운동의 선구자

그는 1899년 도산 안창호 선생과 함께 '독립협회 평양지회'를 창설하고 법무부장에 피선되었다. 1907년 대부흥운동의 집단적인 회개와 영적 체험을 전국적으로 파급하여 서양의 종교인 기독교를 한국 땅에 뿌리내리게 한 결과를 얻었다.

1920년대 이후 말세학을 체계화한 '말세삼계설'을 통해 종말론적 영성을 주장하였다. 이러한 일들의 자취를 볼 때, 길선주 목사는 한국 기독교 초기 50년사에 가장 큰 족적을 남긴 뛰어나고 영향력 있는 인물이었다. 그래서 백낙준은 "길선주 선생(목사)은 한국교회 50년 기독교사상의 대표적인 인물로서 우리 교회 반세기 역사를 끝막음하였다." 고 한국교회 사가(史家)들은 평가하였다.

3) 묵상을 사역의 첫 번째로 실천하는 영의 목회자

길선주 목사는 한국 초대교회의 위대한 구도자적 신앙인으로서 영의 사람이며 열정적인 목회자인 동시에 투철한 민족주의자로서 한국교회의 행정 체계와 신앙 행태를 정초(定礎)하였다. 또 한국인들의 독특한 기독교의 묵상의 영성을 제시하였고 국권회복을 위한 비폭력 평화주의에 입각하여 독립청원을 요구하고 민족적 위기에서도 절망하지 않고 말세삼계설의 종말론적 희망을 선포한 바 있다.

6. 오대원 선교사(David Ross)

오대원 선교사[55]는 남장로회 선교사로 1961년 25세에 한국에 선교사로 파송을 받아 사역했으며, 1970년 미국에 안식년 차 갔다가 YWAM를 만났고 한국에서 시작한 예수전도단과 연합하여 현재까지 사역을 진행하고 있다.

1) 하나님과 동행하는 묵상은 설교보다 중요

그는 묵상하며 하나님 음성을 듣는 것이 중요하다고 언급했다. "한국 교회 목사들은 지나치게 많은 설교를 하므로 사역의 짐이 큽니다. 그러다보니 묵상할 시간이 없습니다. 묵상하지 못하니 하나님 음성을 듣지 못합니다. 그 음성 듣고 자기를 돌아보지 못합니다. 하나님과 동행하는 시간은 설교하는 시간보다 더 중요하다는 사실입니다."

성공에 대한 이야기 도중 윌라드 박사가[56] 재미있는 이야기를 했다. 그는 "한국교회 목회자들은 'ABC 성공 모델'에서 벗어나야 한다"고 했다. 'ABC'는 Attendance(성도 수), Building(건물), Cash(재정)의 약자다. ABC에 의해 성공을 가늠하는 성공주의에서 탈피해야 한다는 것이다. 그는 목회자건, 성도건 참된 성공은 '그리스도를 닮아가도록 사람들을 변화시키는 일'이라고 정의했다.

2) 사역자의 성공에 대한 견해

오 선교사는 '예수 그리스도와 같아지는 것'이 성공이라고 언급했다. 목회자의 경우에는 교회의 사이즈, 성도 수와 상관없이 "저분은 정말 거룩한 분이다. 그리스도와 같은 분이다"라는 소리를 듣는 것이 성공이라는 그의 견해를 밝혔다. "예수와 함께 있었던 사람, 진정한 그의 제자는 세상 사람들도 '딱 보고' 압니다. 그리스도 제자의 특성은 자연적으로 드러날 수밖에 없습니다. 성도들에게는 예수 그리스도의 특성을 갖춘 사람이 되는 것이야말로 진정한 성공입니다"라고 그의 성공의 견해를 밝힌 바 있다.

3) 세상의 빛과 소금 되도록 묵상에 힘씀

오대원 선교사는 "한국교회의 작은 교회 목회자들은 '비교의 영(Spirit of comparison)'을 타파해야 합니다"고 강조했다. "작은 교회 목회자들이 큰 교회와 비교하지 않고, 그저 '세상의 빛과 소금'이 되려는 의지를 갖고 묵상 기도하며 일한다면 하나님이 생존을 넘어선 교회로 변화시켜 줄 것입니다. 그 소망을 결코 포기하지 말아야 합니다."

ii. 교회사 인물과 선교사의 묵상 방법

1. 묵상할 시간을 정하라

사람 마다 다르지만 가장 최상의 컨디션인 아침이 좋을 것이다. 하루일과를 마무리하는 저녁이나 조용해진 밤도 괜찮을 듯 싶다. 하루중 최상의 시간을 하나님께 드리기로하고 시작하고 마친다. 아침이 분주하면 하루중 분리된 한가로운 점심을 이용해도 된다.

"내가 주의 의로운 규례들로 말미암아 밤중에 일어나 주께 감사하리이다"(시119:62).
"오직 여호와의 율법을 즐거워하여 그의 율법을 주야로 묵상하는도다"(시편1:2).

2. 묵상에 방해받지 않는 장소를 선택하라

모든 장소가 거룩한 장소이며 우리는 움직이는 성소이다. 묵상하는 자는 하나님의 능력을 모든 장소가 거룩하게 만들 수 있다. 혹 또 다른 생각에서 우리는 묵상하기에 좋은 조용한 곳 한적한 곳 혼자만의 특별한 공간(Thin Places)이 있다. 육체와 영혼이 쉴만한 공간을 말한다.

> "주께서 전에 말씀하시기를 내 이름을 거기에 두리라 하신 곳이 성전을 향하여 주의 눈이 주야로 보시오며 종이 이 곳을 향하여 비는 기도를 들으시옵소서"(대하6:20).

하루 일과 중 어떤 활동을 하다보면, 묵상하기에 좋은 곳이 있다. 수영, 조깅, 걷기, 정원을 가꾸는 시간(주택과 아파트의 정원 가꾸기) 등, 또한 복잡한 버스에서 전철에서도 묵상을 누릴 수 있다. 약간의 연습만 하면 훌륭한 묵상의 장소가 된다.[57]

3. 마음을 정리하고 기도하라

> "하나님이여 나를 살피사 내 마음을 아시며 나를 시험하사 내 뜻을 아옵소서 내게 무슨 악한 행위가 있나 보시고 나를 영원한 길로 인도하소서"(시139:23-24).

묵상 기도는 마음을 정화하여 새롭게 한다. 교회역사 현장에서 묵상 기도를 통해서 마음을 정결하게 해 주었다. 그들은 항상 묵상을 통해서 이전 까지의 복잡한 상황을 털어버리고 새로움의 신령한 능력으로 지배 받고자 했다. 그럴 때마다 옛것이 지나고 새 마음을 갖곤 했다.

4. 내게 말씀할 것을 믿음으로 기대하라

묵상 기도는 믿음으로 기대하면서 바라는 바를 절대적으로 신뢰해야 한다, 그리고 그에 따른 응답의 조건이 성령님을 통해서 묵상하는 자에게 말씀으로 전달될 때 주저없이 순종할 마음으로 행동에 옮긴다.

> "네게 있는 믿음을 하나님 앞에서 스스로 가지고 있으라 자기가 옳다 하는 바로 자기를 정죄하지 아니하는 자는 복이 있도다"(롬 14:22).

5. 본문 성경을 소리 내어 3번 정도 읽어라

> "이 예언의 말씀을 읽는 자와 듣는 자와 그 가운데에 기록한 것을 지키는 자는 복이 있나니 때가 가까움이라"(계1:3).

성경 말씀에 대하여 묵상에 필요한 가장 알맞은 시간은 15분부터 시작하고 좋으면 15분씩 반복하는 것도 좋다.
하버드대학의 총장이었던 찰스 엘리옷(Dr. Charled W. Eliot)은 세계 명작을 하루에 15분씩 읽는 것을 학생들에게 권장하고 50권의 "하버드 고전 집을 편집"했다. 그에 따르면 15분이면 8-10페이지를 읽는다(1년은 91시간이다).

6. 묵상 중, 본문 말씀에 질문을 던지라

묵상 중에 본문을 대하다 보면, 여러 가지 의문이 생긴다. 이 본문의 주체는 누굴까? 누가 이 사건에 개입 되었는가? 그들은 왜 이 일을 하고 있는가? 이 사건이 발생한 지역은 언제, 어디인가.? 등에 대하여 질문을 던져야 한다.

7. 묵상 중 상고하라

성경 말씀이 주는 여러 가지 상고할 사항들이 있다. 피해야 할 죄가 있는가? 지켜야 할 약속이 있는가? 기도해야 할 내용이 있는가? 순종해야 할 명령이 있는가? 위로와 평안을 전해야 할 사람(대상)이 있는가? 이 외에 더 상고할 부분이 있는가? 등이다.

8. 적용(나에게)-묵상은 설교가 아니다

본문 말씀에 대한 요절과 적용을 기록하라. 늘 해야 할 일들, 앞으로 해야 할 계획들에 대해서도 묵상하면서 기도로 기록 하라. SNS 통해서 염려들을 지인들과 나눠보라.

<도표-14> **묵상을 위한 15가지 실천사항**

준비하기 7가지

15-1 아침 묵상을 위해 전날 저녁부터 준비하며 시작한다
15-2 묵상하기 위해 집안을 정리 정돈한다
15-3 잠자는 시간과 관계없이 아침 일찍 일어난다
15-4 청결을 위해 자신의 몸부터 샤워한다
15-5 사랑하는 가족을 허그한다(영국속담, 하루 8번)
15-6 묵상 전 I.T.(스마트폰, 컴퓨터 등) OFF한다
15-7 아침에 기상하면 묵상 전 스트레칭을 한다

묵상하기 4가지

15-8 제일 중요한 묵상을 위해 성경읽기부터 시작한다
15-9 묵상하면서 교훈들을 기록하며 이것을 습관화한다
15-10 오늘 묵상한 진리를 깊이 분석하며 즐거워한다
15-11 오늘 자신에게 즐거운 일이 일어날 것을 생각한다

실천하기 4가지

15-12 아침에 계획한 순서대로 하루 일과를 진행한다
15-13 성경 말씀의 교훈을 확신하고 그대로 실천한다
15-14 주변의 지인 3인 이상에게 감사를 전한다
15-15 가능하면 걷는다(산책 혹은 출근으로 2-3 정류장)

적용

1. 교회 역사에서 모범된 묵상의 삶을 보여주었던 선교사의 묵상에서 새롭게 깨달은 부분은 무엇입니까?

2. 본장에 소개한 묵상하는 선교사 중 묵상에 대한 새로운 방법을 본을 보인 선교사는 누구이며, 무엇을 깨달을 수 있습니까?

3. 본장의 선교사역을 담당하면서 묵상하는 방법과 당신이 평소에 실천하는 묵상은 어떻게 다르다고 생각하십니까?

4. 내가 하고 싶은 묵상은 어떻게 실천해야 한다고 느끼십니까?

5. 본 책에서 묵상을 배우면서 당신의 신앙부흥과 어떠한 연관성이 있다고 생각 되십니까?

제7장

그리스도와 묵상의 말씀

i. 묵상 영성[58]의 신성한 패러다임

1. 예상을 깨고 새벽에 묵상으로 하나님과 대화[59]

때 : "새벽-오히려 미명"
장소 : "한적한 곳-감람산"
내용 : "묵상 영성으로 기도-
자신의 성육신하신 구원의
목적 달성을 위하여!"

예수님은 '때'와 '장소' 그리고 '내용'의 세 가지 방법에서 탁월한 묵상 영성으로 지상에 하나님 나라를 세우며 나가셨다. 그와함께 3년간의 공생애 사역을 진지하게 운영해 가셨으며 모범사례를 삶으로서 보여 주셨다(막1:35). 마치 누비이불의 반복되는 무늬처럼, 묵상기도를 비롯한 기도의 영성은 예수님의 삶을 누비고 있었다.

2. 하루의 스케줄-묵상의 모범(막1:21-35)

예수님의 하루의 스케줄은 우리에게 묵상의 모범을 올바르게 제시하고 있다. 이 전통을 따른 교회 공동체나 그리스도인은 분명히 영성으로서 다져진 능력으로 주어진 임무와 사명을 너무나 잘 감당할 수 있다. 주님의 하루의 스케줄에 유념하여 그의 묵상의 영성의 신성한 패러다임을 본받을 때, 제2의 사도행전적인 교회 역사의 현장이 재현될 것이다. 12제자와 그 속제자들이 이 모범을 따를 때, 성령의 강력한 역사를 이어 받아 전무후무한 초대교회의 역사를 발생시킬수 있다.

1) 안식일 오전(막1:21-28)[60]

예수님은 회당에서 사람들을 가르쳤다. 그 사역을 다하던 중에 회당에서 귀신들린 자가 있어 그 귀신을 내어 쫓으셨다. 이때는 새벽기도의 묵상에서 잠시 벗어난 시간이다. 사람을 가르치고 대하고 병자들에게 시달리면서도 예수님은 안식일 오전부터 가르치심에 능숙하셨다.

2) 안식일 오후(29-31)

예수님은 곧 이어 수제자인 시몬 베드로의 집을 다른 제자들과 함께 심방하신다. 그의 집을 갑자기 방문하는 것은 베드로의 장모가 열병에 누워있기 때문이었다. 오전에 회당에서 힘겨운 일정을 보내신 예수님은 점심 후에 휴식을 취할 겨를도 없이 사역하신 것이다.

3) 안식일 저녁(32-34)

모든 병자와 귀신들린 자들을 예수님께 데려왔고 온 동네 사람들도 베드로 집으로 몰려들었다. 그래서 저녁 늦게까지 예수님은 병을 고치시고 귀신들린 자들을 좇아 내셨다. 도대체 아무리 퍼내도 마르지 않는 주님의 능력은 어디서 유래한 것인가? 예수님의 사역의 감당은 오직 묵상의 영성의 힘에서부터 발생한다. 이런 벅찬 일과를 영성으로 처리해 가셨다는 예수님의 영성 리더십을 주목해야 한다.

3. 세속성에 물들이는 대신 거룩성으로

우리는 예수님의 진정한 묵상에 대한 영성의 거룩하고 신성한 패러다임을 보고 있다. 예수님 같이 전능하신 분이 매일 이른 새벽에 하나님과 만나서 묵상하셨던 것을 보면서, 우리도 묵상 시간을 정해서 꾸준한 묵상을 이룰 수 있다는 도전을 받는다.

시대를 바꾼 하나님의 사람들의 공통점은 하나님의 음성을 듣는 사람이었다(암3:7). 우리의 가슴에 세속적인 것으로 물들일 것이 아니라 하나님의 말씀으로 가득 채워 하나님의 쓰시는 사람이 되어야 한다. 매일 말씀으로 하나님과 교제하는 주역(主役)으로 그분에게 쓰임을 받아서 하나님을 증거하는 기적을 주도해야 할 것이다.

앞에서 살펴본 것과 같이 다음은 묵상을 통한 힘(Staying power)을 공급 받아 기적을 일으킨 구속사역의 면면을 도출해 내는 주역들은 예수 그리스도와 그의 제자들과 그리고 초대 교회 멤버들이다.

ii. 묵상과 그리스도의 구속적 말씀

이 코너에서는 묵상을 통해 그리스도의 구속적 계시의 말씀에 대하여 깨달음을 갖는다. 신약 성경에서 그리스도에 존재와 본질에 대한 위대한 선언을 다음의 말씀에서 살펴볼 수 있다.

* Text- 본문

〈도표-15〉 **묵상에 도움주는 7대 'Im' 선포**

1. Im-"나는 생명의 떡이니"(요6:35-40)
2. Im-"나는 세상의 빛이니"(요8:12-20)
3. Im-"나는 양의 문이라"(요10:1-10)
4. Im-"나는 선한 목자라"(요10:11-18)
5. Im-"나는 부활이요 생명이니"(요11:17-27)
6. Im-"내가 곧 길이요 진리요 생명이니"(요14:1-14)
7. Im-"나는 참 포도나무요"(요15:1-7)

iii. Interpretation for Proclaim
묵상과 그리스도의 구속적 선포

1. [Im-나는 생명의 떡](요6:35)

구약에서 이스라엘 백성의 육체적 생존을 위해 날마다 만나가

내린 것과 대조적으로 예수님은 무한한 양식인 생명의 떡-영적 양식으로 신약의 하나님 백성을 영원히 굶주리지 않고 먹이시는 자신을 계시하여 보여 주신다.

2. [Im-나는 세상의 빛이니](요8:12)

세상의 빛, 태양은 우주에 있어서 근원적인 역할을 한다. 그 빛을 부각 시켜 예수님은 영적인 빛이 자신이라고 계시한다.

3. [Im-나는 양의 문이라](요10:7)

예수님은 자신을 '양의 문'이라고 한다. 오직 이 문을 통해서만 안전한 우리 속으로 들어가는 것처럼, 하나님의 백성도 그리스도를 통해서 구원의 영적 세계로 들어갈 수 있다.

4. [Im-나는 선한 목자라](요10:11)

예수님께서 자신을 '선한 목자다'라고 선언하는 의미는 그는 선한 목자이기 때문에, 단 하나밖에 없는 목숨을 양을 위해 버리듯 인류를 위해 친히 자신의 목숨을 포기한 것이다(11절). 그러나 거짓 목자는 양의 위험을 외면하고, 양을 늑탈하고, 양에게 해를 가한다(12절).

5. [Im-나는 부활이요 생명이니](요11:25)

모든 사람은 죄를 범하고 그로 인해 사망으로 죽게 되는 '사망이 왕

노릇한다(롬5:12,14). 그러나 성자 하나님이신 예수님은 사망에 매여 있지 않고(행2:24), 오히려 죄에 매여 사망에 빠진 자를 구원하는 구세주로 자신을 계시하신다.

6. [Im-내가 곧 길이요 진리요 생명이니](요14:6)

예수님은 단순히 그 길만 보여주는 것이 아니라, 그가 바로 길이며, 단순히 진리만 계시하는 자가 아닌 그가 바로 진리이다. 단순히 생명을 주시는 자가 아니라 그가 바로 생명이다는 것이다. 세상의 모든 개념과 추상들이 그의 본성과 귀결된다.

7. [Im-나는 참 포도나무요](요15:1)

예수님께서 자신을 참 포도나무라고 하심으로써 자신이 하나님의 뜻에 전적으로 순종하신 참 이스라엘 사람임을 계시했다. 이에 반해 유대 사상은 구약에서나 일반적으로 포도나무는 불순종을 의미하기 때문이었다.

iv. Quiet Time
묵상과 그리스도의 선언의 교훈

예수 그리스도의 자기 계시의 말씀들에 대한 묵상을 통하여 다음과 같은 교훈을 얻을 수 있다, 물론 이 교훈은 거룩한 그리스도인이 세속 사회의 광야 같은 거친 환경을 지나는데 근원적인 힘이 되는 원천(原泉)의 자료가 되는 말씀이다. 7가지의 예수 그리스도의 '묵상의 말씀' 자료와 다음에 제시되는 '적용의 말씀'과 함께 묵상하면서 그 교훈으로 건강하게 경건을 유지하면서 살아가는 영적 백성이기를 바란다.

1. [Im-나는 생명의 떡]

- 묵상의 말씀 (요6:35)
- 적용의 말씀 (요5:1-15)

요한복음 5장부터 예수님 자신이 메시야임을 직접 계시하기 위해 표적으로 그 증거를 보여 주신다. 적용의 말씀 본문(요5:1-15)까지 오병이어로 예수님의 첫 번째 이적은, 자연만물을 친히 지배하는 현장을 보여 주었다. 이것은 만물을 지배하는 예수 그리스도는 그 만물 가운데 하나인 우리(나)도 지배하시는 주인이라는 교훈이다.

생명의 떡과 포도주처럼 잔치집에서 계속 퍼내도 즐거움이 없어지지 않는 영원함을 제공하는 주님이시라는 것을 선언하고 있다. 나는 그 분의 생명의 떡을 먹고 영원한 생명-중생(요3:1-36)에 동참하고 구원의 즐거움에 만끽하게 되었다는 것이다.

2. [Im-나는 세상의 빛이니]

- 묵상의 말씀 (요8:12)
- 적용의 말씀 (요9:1-4)

세상의 빛은 그 빛 자체로 비치거나 밝게하여 그 기능으로 끝나지 않는다. 나면서 소경으로 난 자를 고치시듯, 나의 눈먼 상태, 즉 영적으로 눈먼 자를 고쳐주시고 거기에 생명의 빛으로 채우는 그리스도의 기적을 맛보게 하셨음을 묵상 중에 감사하며 새 삶에 희열을 느껴야 한다. 그리고 어둠을 비치는 밝은 빛, 생명의 빛의 사명을 다하며 살 것을 다짐해야 할 것이다. 소금과 빛은 부패와 어둠을 비칠 때, 더욱 그 가치가 더해지는 것이리라.

3. [Im-나는 양의 문이라]

- 묵상의 말씀 (요10:7)
- 적용의 말씀 (요19-47)

요한복음 5:19-47까지 양의 문의로서 예수 그리스도는 생명을 주시기 위한 하나님의 아들의 사역의 원리를 풀어 설명하고 있다. 이 기적의 사역을 행하신 목적은 울타리 밖에 있는 영혼(불신자)을 구원의 영적 세계로 인도하는 그리스도의 구속 계시의 교훈을 주고 있다.

이 교훈의 이면에 예수님은 구속관계에서는 하나님 아버지와 동등하심으로, 하나님 아버지가 행하는 일도 아들인 예수님도 행하며(19절), 구속 주로서 부활시키는 일에 함께 참여(21절)하시고, 세상 끝날 심판하는 사역도 아버지와 동등하게 행하신다는 것이다.

이 교훈은, 나 자신이 예수 그리스도를 나의 주로 고백하여 예수를 영접하여 하나님의 자녀된 신분으로 부활하고, 심판을 거쳐서 영원한 하나님 나라(천국)에 이르는 특별한 생명의 축복을 받았다는 것이다.

4. [Im-나는 선한 목자라]

- 묵상의 말씀 (요10:11)
- 적용의 말씀 (요10:1-18)

우리는 감사하게도 거짓 목자를 만나지 않고 참 목자, 선한 목자를 만나서 무가치하게 잃을뻔한 보편적인 생명을 영원한 생명으로 대체하게 되었다. 나 대신 자신의 목숨까지 희생하신 예수 그리스도는 영원히 참 목자이며, 선한 목자가 되신다.

오늘도 우리 주변엔 진리를 가장하고 다가와 우리의 모든 것을 빼앗아 간다. 우리는 양과 같이 사단의 간계에 속아 넘어가고 위험에 노출되어 늑탈당하면서 생존해 간다. 그러나 그리스도께서 선한 목자이시므로 원수의 목전에서도 우리에게 상을 베푸시면 우리는 나음을 입고 풍성해 지는 것이다(시23:5). 그런 영적인 축복을 바라고 소망하면 이뤄지길 원하는 하나님 백성의 신분이 되었다는 것은 그분의 문(영적)으로 들어가는 인도를 받았기 때문이라서 그분께 영광을 돌린다.

5. [Im-나는 부활이요 생명이니]

- 묵상의 말씀 (요11:25)
- 적용의 말씀 (요11:1-44)

위 적용의 말씀은 나사로의 죽음과 부활 사건을 통해 인간은 본래 죽을 수밖에 없으며 그 결과는 영원한 저주(지옥)로 떨어져 비참한 종말을 향해 가는 것이었다. 나사로의 죽음은 비참한 말로를 가리키며 저주였으나, 그를 부활시키는 능력을 행하는 기적을 보여주므로 모든 사람이 죽음의 상태, 거기서 체념하지 말고 부활 소망으로 살아가라는 예수님의 교훈을 던져주고 있다.

이제 모든 사람처럼 죄를 범하고 사망으로 죽는 '사망이 왕 노릇에서 해방되는 부활의 소망이 우리를 감동하시고 역사해 주시는 기도를 드리면서 봄이 피어나는 계절에 부활의 소망의 감겻으로 살아야 할 것이다. 오직 사망에 매여 있지 않게 하신 예수 그리스도를 나의 주 나의 하나님으로 고백하며 사는 것이 얼마나 귀중한 가치이며, 행복인가를 고백하며 살아야 할 것이다.

6. [Im-내가 곧 길이요 진리요 생명이니]

- 묵상의 말씀 (요14:6)
- 적용의 말씀 (요14:1-6)

예수님은 우리에게 자신이 바로 길(the Way)이며, 자신이 바로 진리(the Truth)이며, 자신이 생명(the Life)이라고 선언(declaration[61]))하신다. 이런 논리로 봐서 세상의 모든 개념과 추상들이 예수 그리스도의 본성(human nature)과 귀결된다.

예수님의 제자, 도마가 하나님 아버지의 집으로 가는 길을 모른다고 주님께 질문(2절)해도, 예수님이 우리의 길이라고 굳게 믿는 진리와 생명까지 영원하게 부여 받은 사실은 변할 수 없다. 이 진리를 주님께서 우리에게 확신시키신다. "너희도 나를 알았더면 내 아버지도 알았으리라"(7절). 그 선언처럼 "우리가 주님을 눈으로 보았고 확인합니다." 이 확신 가지고 주님 다시 오심을 소망하며 어떤 사상, 주의, 이념, 철학, 논리, 지식 등에 흔들리지 않게 하실줄 믿는 마음 간절하다.

7. [Im-나는 참 포도나무요]

- 묵상의 말씀 (요15:1)
- 적용의 말씀 (요2:1-11)

예수님께서 자신이 참 포도나무라는 계시는 구세주(속죄주)로 이 땅에 오셨음을 말한다. 그는 하나님의 뜻에 전적으로 순종하여 구세주로서의 성육신(Incarnation)을 완성하신 것을 선포하는 것이다.

요한복음 2장부터 예수님 자신이 메시야임을 직접 계시하기 위해 표적으로 그 증거를 보여 주신다. 본문 요한복음 2장 1-11절까지 포도주를 만드신 예수님의 첫 번째 이적은, 자연만물을 친히 지배하는 현장을 보여 주었다. 이것은 만물을 지배하는 예수 그리스도는 그 만물 가운데 하나인 나도 지배하시는 주인이라는 교훈이다.
생명의 떡과 포도주처럼 잔치집에서 계속 퍼내도 즐거움이 없어지지 않는 영원함을 제공하는 주님이시라는 것을 선언하고 있다. 나는 그 분의 생명의 떡을 먹고 영원한 생명-중생(요3:1-36)에 동참하고 구원의 즐거움에 만끽하게 되었다는 것이다.

v. 그리스도의 십자가와 묵상
(Seeing Christ & Quiet Prayer)

* 묵상 중 십자가 고백이 필수적

"십자가는 액세서리가 아닙니다"-The cross is not an accessory.
"나는 그리스도와 함께 죽습니다"-I die with Christ(갈2:20).

"내 안에 살아 역사 하시는 분은 누구십니까?"
-The only who lives and works in me?
"그 분은 예수 그리스도입니다!"-He is Jesus Christ.!

이와 같이 십자가를 인정하는 것이 신앙고백의 첫걸음이다. 덴마크의 신학자인 키에르케고르는[62] 진지하지 못해 아예 사교(邪教) 클럽처럼 타락해 버린 덴마크의 국가 교회에 대해서 신랄한 비판과 부정적인 분석으로 가득채운 '기독교에 대한 공격-Aattack upon Christendom'이란 책을 출간했다. 성경 속의 그리스도인은 가난과 위험과 칼의 위협에 직면했으나, 반면에 덴마크의 기독교는 너무 순탄하고 무관심하고 거룩해지려고 애쓰지 않는다는 사실을 탄식했다.[63]

"사람들이 덴마크 기독교인들의 삶을 본다면, 예수 그리스도께서 '누구든지 나를 따르려고 하는 자는 자기를 부인하고 제 십자가를 지고 나를 따르라'고 말씀하셨다는 것을 상상이나 할 수 있을까?" 그가 더욱 분노한 것은, "살찌고 편안한 삶을 사는 목회자가 '더 편안해지기를 바라고, 더 호화스러운 지위로 승진'(Hope to be more comfortable, and to be promoted to a more luxurious position)해서, 마침내 자신을 십자가로 장식한 채 기쁨에 겨워서 어찌할 바를 모르고 있다"는 것이었다.

적용

1. 예수님의 하루 일과표가 어떻게 진행이 되었습니까?

2. 예수님은 '때'와 '장소' 그리고 '내용'의 세 가지 방법에서 탁월한 묵상 영성으로 지상에 하나님 나라를 세우며 나가셨습니다.
   본장을 돌아보면서 구체적인 '때/장소/내용'에 대하여 생각해 보십시오.

3. 예수님의 묵상의 'Im-'(나는) '7대 선포의 말씀'에 대해 한 가지씩 관찰해 보십시오.

1. Im-"나는 생명의 떡이니"(요6:35-40)
2. Im-"나는 세상의 빛이니"(요8:12-20)
3. Im-"나는 양의 문이라"(요10:1-10)
4. Im-"나는 선한 목자라"(요10:11-18)
5. 부활이요 생명이니"(요11:17-27)
6. Im-"내가 곧 길이요 진리요 생명이니"(요14:1-14)
7. Im-"나는 참 포도나무요"(요15:1-7)

4. 당신은 십자가에 대해서 무엇이라 생각하십니까?

제8장

경건의 실천-I

i. 경건의 삶을 의미를 살펴봄

1. 경건에 대한 폭넓은 생각

본과에서는 '경건의 실천'-1이라는 주제로 연구해 가기로 한다. 경건과 묵상은 같은 말이면서 서로 다르고 깊은 뜻을 함유하고 있다고 이미 제2장에서 다뤘다. 이미 앞에서도 이 주제들을 연구한 바 있지만 다시 한 번 다른 방향에서 다뤄 보는 거이 경건의 실천에 있어서 중요한 일이다.

1) 경건의 성격적 의미

경건에 대하여 성경이 말하는 뜻을 인용하면, 하나님께 자신을 맡기며 하나님이 기뻐하시는 생활을 하려는 마음가짐을 말한다. 이런 맥락에서 경건은 '하나님께 예배하는 일'을 의미하며, '세속적 욕망을 버리고 하나님의 뜻대로 행하려는 마음'을 뜻한다 신학적 의미의 영성이 포함되면서 하나님을 만남에 있어서 마음의 내적 구원 체험뿐만 아니라 성향이나 행동에 있어서 전체적인 삶의 분위기를 자아내는 행동을 내포하고 있다.

2) 묵상에 대한 신학적 의미

묵상에 대하여 신학적 의미는 영성(靈性)을 동반하는 것이다. 그것은 묵상의 대상이신 살아계신 하나님을 상대하여 깨어 있으며, 그분을 향하여 신실한 반응을 드리는 것이다.[64] 그러므로 묵상은 잠잠히 하나님 앞에서 기다리는 것이다. 하나님이 나에게 무엇이라 말하고, 무엇을 하라고 하는가?(요8:28). 말씀을 통해서 행동(일,being)하기 위해, 말씀이 하라는 대로 행하기 위하여 다짐하는 것이다.[65]

2. 서양과 동양 묵상의 차이

서양인에게는 조용하고 여유롭게 사는 삶이 생활화 되었다면, 동양인에게는 인구에 비례하여 거주공간이 비좁아서 대가족이 시끄럽게 살아왔던 것이 일반적인 삶의 패턴이다. 신앙생활에서 볼 때, 한국의 교회생활에서 그리스도인은 과거에 집회를 갖거나 부흥회를 매우 즐겨 가졌다. 모일 때마다 무언가 많이 모여야 직성이 풀려서 인지 통성으로 기도할 때, “주여!” 삼창(三唱)하는 영성이었다. 그러나 서양인처럼 묵상할 때, 침묵하고 조용히 하는 문화는 아니었다.

지금까지 선교적이요 한국 교회가 부흥된 것은 ‘주여 삼창’(O Lord, three calls)의 선교적인 영성을 버리거나 잊을 수는 없지만 묵상과 통성기도가 잘 훈련된다면 양 날개처럼 훈련된 사람, 인격적으로 선교적으로 준비된 사람이 될 것이라 여긴다.

> “주여 들으소서. 주여 용서하소서. 주여 귀를 기울이시고 행하소서!”
> O Lord, listen! O Lord, forgive! O Lord, hear and act!
> (단9:19).

3. 명상에 대한 생각

경건은 묵상과 함께 동일한 의미로 다가오면서 함께 명상을 생각해보는 것도 유익할 수 있겠다. 동양 종교[66]는 어떤 물체나 호흡에 의식을 집중하는 집중법을 사용한다 해서, 자기 중심적인 영성을 갖는다. 인간의 죄와 허물을 깨닫게 하고 구원의 근거도 자기 내부에서 찾게 하므로 신비주의에 빠지게 한다. 죄와 고통은 실재하지 않는 환상일 뿐 무지한 마음을 깨우치면 모든 죄와 고통은 사라진다고 주장한다.

명상은 내성적인 방법으로 자신을 통제하거나 통제당하게 하는 것이다. 이것은 범신론적 신비주의로 흐르고 인간이 우주의 궁극적인 실재적인 이론으로 흐르게 하여 “인간이 곧 신(神)이다”라는 사탄의 가르침에 빠지게 된다.[67] '인간이 신이다'는 주체적인 사상에 빠지는 것으로서 신인 합일(神人合一) 표현으로 인간이 신이 되는 새로운 시대를 말하는 것이다.

이 경향은 기(氣), 사상(思想), 뉴 에지 운동(New Age Movement) 등에서 찾을 수 있다. 동양에서 지금 유행하고 있는 명상운동은 소수나 개인이 지향하는 종교운동까지 발전하게 되었다. 동양의 명상의 목표는 해탈, 의식, 혁명, 정신, 진화 등 곧 '인간이 신으로 자신을 통제할 수 있다'는 말이다.

ii. 비우고 채우는 반복의 묵상

1. 그 분의 말씀이 나를 끌어감

성경의 묵상은 기도와 말씀으로, 말씀이 내 삶 안에 풍성하게 거하게 하는 것이다. 나 자신이 나를 컨트럴 하는 것이 아닌, 절대적 상대, 그분의 말씀이 나의 주체(主體)가 되어 나를 컨트럴하게 하는 것이 기독교 묵상이며 성경의 묵상의 핵심이라고 할 수 있다.

성경 묵상의 수단은 나 자신 안에 성경 말씀으로 하여금 철저하게 채워나가는 기능을 하게 한다.

2. 이중적 갈등-옛사람 벗고 새사람 입는 것

"너희는 유혹의 욕심을 따라 썩어져 가는 구습을 따르는 옛 사람을 벗어 버리고 오직 너희의 심령이 새롭게 되어 하나님을 따라 의와 진리의 거룩함으로 지으심을 받은 새 사람을 입으라" (엡4:22-24).

'옛사람' - 옛사람(Old self)은 구원받기 이전의 자연인을 말한다.

'새사람' - 새사람(New self)은 그리스도 안의 새 생활을 하는 사람을 말한다(고후5:17, 갈2:20).

옛사람의 이전 생활방식은 세상에 근거와 기준을 둔다,

새사람의 생활방식은 그리스도 안에 속한 것으로, 지금 자신이 어떤 생활 방식을 나타내며 살고 있는가?를 그리스도 안에서 보게 한다.[68]

옛사람은 벗어야(Put off)하며, 새사람은 입어야(Put on)한다.

엡4:22-24은 강조하는 지론(知論)을 소개하는 것이다.[69]

이러한 방법을 효과적으로 거두기 위해 묵상이라는 통로를 통해 '비우고', '채우는' 반복적인 믿음의 행위를 실천하여 건강한 그리스도인의 생활을 유지해야 할 것이다.

3. 반복적 묵상-비우고 채움

다음의 말씀으로 '비우고' '채우는' 묵상의 행위를 반복적으로 묵상하라

1) 말씀 안에 풍성히 거하는 묵상의 지혜

"그리스도의 말씀이 너희 속에 풍성히 거하여 모든 지혜로 피차 가르치며 권면하고 시와 찬송과 신령한 노래를 부르며 감사하는 마음으로 하나님을 찬양하고"(골3:16).

2) 묵상으로 능력에 거함

"하나님의 나라는 말에 있지 아니하고 오직 능력에 있음이라" (고전4:20).

3) 말씀(율법, 계명, 교훈)의 재료로 묵상

"여호와의 율법은 완전하여 영혼을 소성시키며 여호와의 증거는 확실하여 우둔한 자를 지혜롭게 하며, 여호와의 교훈은 정직하여 마음을기쁘게 하고 여호와의 계명은 순결하여 눈을 밝게 하시도다"(시19:7-10).

iii. 하나님과 친밀함을 위한 묵상

1. 하나님께 친밀함을 위한 묵상의 4가지 조건

1) 말씀에 대한 순종이다. 듣고 순종하는 삶을 살아 간다(삼상15:22). 순종이 제사 보다 낫다. 말씀으로 경험되어진 삶을 산다.
2) 주님의 말씀을 사모하는 갈망(마음)이 있어야 한다(시42:1).
3) 주님께서 말씀하실 것에 대한 믿음이 있어야 한다.
4) 말씀의 강에서 젖어(풍성함) 있어야 한다(겔47:1-10). (성전에서 흘러나온 물로 말미암아 9-10절).

2. 묵상의 횟수와 시간.

1) 하나님과 친밀하기 위한 묵상은 수시로 실천함

그리스도인은 세상일에만 분주해서는 안된다. 하나님과 친밀함을 유지하기 위해 하루에 두 세번 하는 것이 가장 좋고, 적어도 하루에 한 번은 해야 한다. 하나님께서 바쁜 사령관이었던 여호수아에게 하나님의 율법을 주야(晝夜)로 묵상하라고 명하였다면, 우리 역시 하나님의 진리의 말씀을 주야로 묵상하는 것을 즐거워해야 된다.

윌리엄 베이츠는 "만일 새가 그 둥지를 오랫동안 떠나 있게 되면 알들이 차갑게 되어 새끼들이 부화되지 못할 것이다. 그러나 쉬지 않고 알들을 품게 되면 그들은 부화될 것이다. 마찬가지로 우리가 오랫동안 종교적인 의무에서 떠나 있게 되면 우리의 영적 정서는 식어버려 점점 차갑게 될 것이며, 거룩함을 부화하기에 적합하지 못하게 되며, 우리 영혼도 위로를 얻지 못할 것이다"고 하였다.

2) 묵상을 위한 시간을 정하고 그 시간을 엄수함

새벽 시간이나 밤늦은 시간, 또는 그 중간에라도 다른 의무들로부터 자유로운 시간을 정하라. 무엇보다 주일에는 묵상 시간을 넉넉하게 가지라. 웨스트민스터 총대(총회에 참가하는 대표)들은 '공예배 모범'에서 "주일(공적) 예배를 전후하여 남게 되는 시간을 사용해서 성경읽기, 묵상, 그리고 설교의 새김질을 하라"고 충고하였다.

3) 영혼의 유익을 위해 통상적으로 묵상함

묵상하는 것은 마치 젖은 나무에 불을 붙이려고 애쓰는 것과 같다. 인내하는 자만이 불을 지필 수 있다. 처음 묵상하기 시작할 때 약간의 연기만이 올라가는 것을 보게 될 것이다. 다음에는 두 세 번의 불꽃이 잠시 튀는 것을 보기도 할 것이다.

그러나 결국에는 거룩한 감성과 정서의 불꽃이 일어나서 하나님을 향하여 올라가게 될 것이다. 그러므로 불이 위로 올라갈 때까지 인내해야 한다. 인내하며 최선을 다했음에도 불구하고 불이 위로 올라가지 않을 때가 있다. 그럴 때는 다음 기회를 기다려야 할 것이다. 하나님의 은혜가 억지로 오도록 강요할 필요는 없기 때문이다. 그러나 묵상을 아예 생략하면 마음이 강퍅하게 된다(굳은 마음, 긴장된 생활, 이유 없이 분주함을 경계하라).

4) 묵상의 결핍은 비판적으로 발전함

하나님이 축복하심에 감사하지 못하고, 하나님의 섭리와 고난 속에서 경건한 열매를 맺지 못하는 이유가 무엇인가? 말씀과 성례로부터 유익을 얻지 못하고, 다른 사람들에 대해 그토록 비판적인 이유가 무엇인가? 그것은 묵상이 부족하기 때문이 아닌가! 당신의 마음 속에 있는 영적인 생각이 당신의 삶 속에서 거룩함을 만들어 낸다.

"대저 그 마음의 생각이 어떠하면 그 위인도 그러한즉"(잠23:7).

iv. 역동적인 경건의 삶

1. 세속성을 이기는 역동적 묵상의 삶

언제나 살아 역사하는 힘이 강하며 영원히 존재하는 그것은 진정 하나님의 말씀이다. 어떤 그것이 수려하고 매력있는 사물(事物)이 아니라 막대기 같더라도 그것이 살아 있는 존재라면 그 가치는 사물과 비교할 수 없을 것이다. 그런데 하나님 말씀(The Word)은 생명을 건지고 보존하는 근원이 되는 말씀이라서 더욱 그렇다. 우리의 역동적인 경건을 위하는 것이 세속성의 세상에서 승리하는 묵상의 삶이 될 것이다.

1) 변질되지 않는 말씀을 의존함

묵상하는 자는 말씀을 의존하는 자세를 견지하고 있다. 굳이 여기서 칼빈의 5대 교리 중[70] '오직 성경(Sola Scriptura)'을 봐도 확인할 수 있는 것은, '성경' 앞에 전치사를 '오직'(라, Sola)으로 사용하였다. 이는 다른 이념이나 사상이나 논리, 그리고 법칙 등은 변질되는 것이며, 성경은 영원히 변질되지 않는다. 그러므로 경건의 삶을 그분에게 드리기 위해 변질되지 않는 하나님 말씀을 붙잡고 의존하는 것이다. 이것이 묵상하는 자의 축복이며 특권이라고 할 수 있다.

2) 삼위 하나님의 교리에 머무름의 묵상

우리(자신)에게 성경을 주신 분은 '성부 하나님'(Father of God)이시고, 성경에서 핵심적 주체가 되신 분이 '성자 예수님'(Son of God)이시며, 성경을 기록자를 통해 전달해주신 분이 '성령 하나님'(Spirit of God)이시다.

2. 역동적 경건을 위해 성경을 사용하는 묵상

그러므로 경건의 수단에 성경을 사용하여 하나님 그분을 만나고 경배하는 것이다. 경건의 삶을 이루고자 하며 경건의 대상을 정해 놓고 묵상하는 것은 기본 이치이다. 여기서 성경의 원리에서 벗어나면 그리스도인의 역동적 묵상이 성립될 수 없다.

> "하나님의 말씀은 살아 있고 활력이 있어 좌우에 날선 어떤 검보다도 예리하여 혼과 영과 및 관절과 골수를 찔러 쪼개기까지 하며 또 마음의 생각과 뜻을 판단하나니"(히4:12).

1) 묵상으로 하나님의 비밀을 앎

> "이르시되 하나님 나라의 비밀을 아는 것이 너희에게는 허락되었으나 다른 사람에게는 비유로 하나니 이는 그들로 보아도 보지 못하고 들어도 깨닫지 못하게 하려 함이라 이 비유는 이러하니라 씨는 하나님의 말씀이요"(눅8:10-11).

2) 묵상의 말씀은 눈을 밝게 함

> "여호와의 율법은 완전하여 영혼을 소성시키며 여호와의 증거는 확실하여 우둔한 자를 지혜롭게 하며 여호와의 교훈은 정직하여 마음을 기쁘게 하고 여호와의 계명은 순결하여 눈을 밝게 하시도다 여호와를 경외하는 도는 정결하여 영원까지 이르고 여호와의 법도 진실하여 다 의로우니 금 곧 많은 순금보다 더 사모할 것이며 꿀과 송이꿀보다 더 달도다"(시19:7-10).

3) 묵상과 함께하는 말씀으로 생존함

"주의 말씀은 내 발에 등이요 내 길에 빛이니이다 주의 의로운 규례들을 지키기로 맹세하고 굳게 정하였나이다 나의 고난이 매우 심하오니 여호와여 주의 말씀대로 나를 살아나게 하소서"(시 119:105-107).

v. 성경 학자의 하나님과의 관계

하나님과의 관계를 말씀 묵상으로 본을 보여주었던 성경 학자들의 묵상을 소개해 본다.

1. 헨리에 C. 미어즈의[71] 하나님과의 관계

1) 미국의 지도자를 길러낸 영향력은 묵상의 힘

빌리 그래함, 빌 브라이트, 짐 래이븐, 리처드 핼버슨, 루이스 에반스 등 400명이 넘는 미국 기독교 사역자와 각계각층의 리더를 길러낸 여류 성경 교사, 이 한 사람의 영향력은 무엇으로 가능했을까?

빌리 그래함은 미어즈를 두고 "내가 아는 가장 위대한 그리스도인 중 한 사람이다"라고 말할 정도로 예수 그리스도를 향한 그의 열정과 헌신은 대단했다. 미어즈 여사는 할리우드 제일장로교회 기독교교육 담당자였으며, 복음의빛출판사, 포레스트홈 수양관, 가스펠국제문서선교회(GLINT)의 설립자이며 직접 주일학교 교재를 집필하였다.

<책은 사람을 만들고 사람은 책을 만든다>
(Books make people, people make books.)

2) 2세 교육의 위기를 말씀 묵상으로 극복

이미 한국교회나 세계교회에서 2세 교육에 대한 위기의 징후들이 나타나고 있는지 벌써 오래다. 세상 교육은 놀랍게 발전하는데 교회교육은 갈수록 더 왜소해지고 있다. 우리에겐 교회교육 위기의 시대를 살고 있다는 절박감이 있다. 그러나 계속해서 열등감과 패배의식에 젖어있을 필요가 없다. 우리가 믿는 하나님은 지금도 일하고 계시고, 이러한 때에 우리와 함께 이루고 싶은 계획을 자신을 통해 이루실 것이라고 말씀 묵상을 통해 깨달았다. 20세기 기독교교육의 거인(巨人)으로 불리는 헨리에타 미어즈가 갖는 묵상의 열정이기도 하다.

그녀는 사회, 경제, 정치, 종교적 혼란에 휩싸여 어찌할 바를 모르는 시대야말로, 하나님이 준비하신 수많은 기회를 이용할 사람들을 찾는다고 했다. 그래서 젊은이들을 일깨웠다. 이때야말로 자기 자리를 찾을 때임을 깨달았다. 죽으면 죽으리라는 결단으로 주님께 헌신한 사람들을 통해 하나님이 위대한 일을 이루실 거라고 확신했다. 실제로 미어즈 여사는 성경 묵상 중에서 하나님은 자신을 통해, 그녀의 영향을 받은 젊은이들에게 불가능한 현실을 기적으로 바꿔 놓으셨다.

3) 세속적 환상의 도시에서 말씀사역 묵상의 발원지

헨리에타 미어즈가 성경말씀으로 이룬 성과는 세계 영화의 발상지, 할리우드이다. 이곳은 신앙의 산실(産室)이 될 수 없는 곳이다. 그때나 지금이나 환상에 근거한 피상적인 도시이다. 화면에서는 차가 날아다니고, 동물이 말하고, 꽃들이 춤추고, 외계인들이 침공하고, 약자가 승리하고, 돈이 사람을 속이고, 아름다움이 사람을 유혹하는 그곳은 힘으로 안 되는 게 없다. 매년 수많은 젊은 남녀들, 십대 청소년들까지 환상에 부풀게 한다. 수많은 사람들이 별처럼 반짝반짝 빛나기를 바라며 이 가장(假裝)의 도시 할리우드로 몰려든다. 그러나 이곳에서 바로 헨리에타가 성경사역을 시작했으며, 어둠의 세력이 강한 그곳에서 선한 말씀 사역을 위한 묵상을 진지하게 채워갔다.

4) 말씀 능력에 붙잡히려 묵상에 의지함

"나사렛에서 무슨 선한 것이 날 수 있느냐?"(요 1:46).

할리우드에서 과연 선한 것, 무슨 영적인 것이 나올 수 있을까? 그러나 헨리에타 미어즈도 그렇다고 했다. 그리고 그런 일이 벌어지게 만들었다. 도대체 그녀는 어떻게 불가능한 일을 가능하게 만들었을까? 그녀는 하나님이 할리우드에서 하실 수 있는 일이라면, 우리(자신)가 처해 있는 도시에서도 할 수 있다. 하나님의 지금까지 우리를 명확하게 인도하심을 믿으면서도 할리우드만은 한사코 피했을 것이다.

이 곳에서 하나님의 거룩한 사역을 기대하는 것은 거의 불가능하다고 한다. 그러나 위대한 결과를 이루시는 하나님을 믿기만 하면 세속성이 강한 이 도시에서도 말씀사역을 통해서 무엇이든지 이룰 수 있다고 확신했다. 그 확신은 늘상 말씀의 능력에 붙잡히기 위해 묵상의 시간을 내어 하나님의 전능하심에 내 맡겼기 때문이었다.

5) 말씀 묵상으로 하나님의 부흥을 이룸

할리우드에서 교회 공동체의 교육을 이끄는 서 헨리에타 미어즈(여류 교사)를 통해 하나님께서 부흥을 이루셨다. 우리가 2세들로 하여금 위대한 내일을 꿈꿀 수 있도록 말씀으로 인도할 것을 요구했다. 다시 한 번 우리(자신)의 꺼져가는 말씀 묵상의 촛불에 거룩한 능력을 부여하여 부흥의 불길로 되살려내야한다고 했으며 그 소원대로 부흥을 성취하게 되었다. 그녀가 기록한 한 마디는 다음과 같다.

> "우리의 현재 모습은 하나님께 받은 선물입니다.
> 우리의 달라질 모습은 하나님께 바칠 선물입니다."

우리 생각에 못났든 잘났든 지금 우리 모습은 하나님께 받은 선물이다. 그러니 더는 낮은 자존감에 젖어있지 말아야 한다. 우리는 하나님의 선물이니 분명 걸작이리 생각한다. 이제는 하나님께 바칠 선물을 생각하자. 그것은 우리의 달라질 모습이다. 말씀에 기대어 묵상할 때, 우리 안에서 행하시는 이가 하나님이시며, 그 기쁘신 뜻을 행할 수 있도록 우리에게 힘과 능력을 공급해주시기 때문이다(빌 2:13).

그녀가 저술한 책, 「드림빅」에서 빌리 그레함과 빌 브라이트 등 세계적인 지도자들이 헨리에타를 향해 찬사를 보낸다. 그녀는 평생 독신으로 지냈지만, '미어즈의 아들들'로 불리기를 원하는 수백 명의 자녀들을 믿음 안에서 낳았다고 말이다. 그들이 바친 글만 읽어도 이 여성이 미국과 세계교회에 미친 영향력이 얼마나 대단했는지 충분히 느낄 수 있다.

6) 가정에부터 성경 묵상의 일상화를 강조함

그리고 앞부분에는 헨리에타의 혈통이 자세히 소개된다. 그녀의 부모 뿐 아니라, 조부모를 소개하는 내용에서도 그녀에게 내려온 신앙의 견고한 가계(家系)를 생각할 수 있게 한다. 이는 오늘 우리의 기독교 가정들이 자녀들의 신앙양육을 위해 무엇을 하는지 반성하게 하며, 가정에서부터 영성훈련이 이뤄져야 할 것에 대해 깊이 깨닫게 한다. 해마다 가정의 달 5월에 온 교회가 그 어떤 행사보다 성경 말씀을 중심으로 묵상의 일상화가 기본적으로 이뤄져야 한다고 강조한다.

〈도표-16〉 **'미어즈 성경 핸드북'은 어떤 책인가?**

원본, *What the bible is all about* by Henrietta C. Mears, Forword by Billy Graham, Published by Regal Books in USA.
「미어즈 성경 핸드북」은 「미어즈 성경의 파노라마」와 함께 400만 부 이상 보급된 성경 핸드북의 고전이다. 그전 까지만 해도 성경은 방대하고 오래된 언어로 가득하고 이해하는데 주석이나 사전이 필여했지만 이 책 때문에 이제는 성경 공부가 따분하지 않고 지루하지도 않다. 상상력을 키워주거나 성경연구의 열정을 불어 넣어주는 길잡이 역할을 해준다.

이미 전세계에서 오래 전 수백만의 사람들에게 사랑받는 미어즈 성경핸드북이라서 성경연구를 유익하게 하는 마성적인 특성이 있다. 더 중요한 제안은 일년 12달, 52주 동안 성경을 손에서 놓지 않는 유익함이 있다.

1. 한눈에 볼 수 있는 하나님의 사랑과 계획
2. 성경 각 권의 간결한 개관
3. 연대표, 지도 등 학습을 돕는 자료
4. 핵심 사건들의 역사적 배경 설명
5. 구약과 신약에 계시된 예수 그리스도 설명
6. 성경 각 권에 나타난 하나님의 속성 소개
7. 1년 또는 2년 성경 통독 계획표

*이와 함께 [드림 빅]의 저서도 있다. 함께 탐독하기를 바란다.

2. 메튜 헨리의 하나님과의 관계

1) 진리를 곱씹으며 심혈을 기울인 묵상

메튜 헨리(Matthew Henry, 1662~1714)[72]는 영국이 낳은 목회자이면서 평생 동안 말씀을 읽고 연구하면서 묵상하기를 즐기는 기도하는 성경 학자였다. 그는 하나님의 진리를 곱씹으며 심혈을 기울여 성경주석(Exegesis on the Bible)을 집필하면서 위대한 저작물을 남겼다. 그 결과가 [메튜 헨리 성경주석]이며, '영국의 성경 주석가'(a biblical interpreter)라는 인정받는 학자로 남아 있다.

> "… 간절한 마음으로 말씀을 받고 이것이 그러한가 하여 날마다 성경을 상고하므로"(행17:11).

2) 후대에 진정한 감사의 사례를 남김

메튜 헨리는 실제로 도둑을 맞아 큰 재산을 잃어버리고도 다음과 같은 네 가지를 감사했다.

첫째, 이전에 도적 맞지 않았던 것에 감사했고,
둘째, 자기의 생명이 도적 맞지 않은 것에 감사했고,
셋째, 아직도 자기에게 무엇인가 남아 있는 것에 감사했고,
넷째, 자신이 그와 같은 도적이 되지 않은 것에 감사했다.

진정한 감사의 모범된 사례가 위와 같은 케이스일 것이 분명하다. 따라서 사람이 실천해야 할 감사는 하나님께 진정으로 드려야 한다. 또한 그분은 메튜 헨리의 진정한 감사 케이스를 요구하고 계신다. 하나

님 앞에서 메튜 헨리는 이러한 감사를 드렸던 원인은 평생동안 묵상하기를 즐겼던 것에서 연유한다.

〈도표-17〉 **메튜 헨리 주석이 무엇인가?**

What is Matthew Henry's Commentary

"매튜헨리 주석(Matthew Henry Commentary on the Whole Bible)은[73] 전설적이며, 주석의 고전이요, 경건의 고전이다. 이것은 처음부터 끝까지 정독해야 하는 경건서적이기도 하다. 이 주석은 설교자를 위한 책이며, 평신도들에게도 영적 성장과 큐티를 위해서 유용하다. 많은 사람들이 이 주석을 사용했으며, 시간의 시험을 이기고 이미 300 년이 지났으나, 주석학의 많은 발전에도 불구하고 영적이고 영원한 진리에 대한 통찰력과 교훈들의 가치가 담겨있다.

이 주석을 인용했던 기독교 명사들을 소개하면, 역사상 가장 위대한 설교자였던 찰스 스펄전은 "매튜 헨리는 가장 경건하고 명쾌하며, 건전하고 분별력 있고, 군더더기가 없고 신뢰할 만하다. 조지 휘필드는 이 주석을 네 번 정독하고 메튜 헨리를 극찬하였으며, 로버트 홀, 윌리엄 쿠퍼 등도 이 주석을 정독하고 그들의 설교와 찬송에 큰 영향을 받았다. 찰스 웨슬리의 찬송가도 이 주석을 인용한 것이 많다. 경구와 뛰어난 구절들은 영어권 국민들에게 격언이 되었다.

3) 진정한 감사로 살게하는 묵상 방법

메튜 헨리의 진정한 감사의 사례를 생각할 때, 우리(자신)가 어떠한 감사의 자세로 하나님 앞에서 실천되어야 하는가를 생각하게 한다.

아울러 그러한 삶을 이루려면 우리(자신)도 메튜 헨리의 묵상적인 삶을 염두에 두지 않으면 안될 것이다. 그는 평소에 묵상할 때, 본문의 진리를 곱씹으며 심혈을 기울였다.

그런 결과로 [메튜 헨리 성경주석]까지 탄생되었다. 오늘 날 현대 그리스도인들과 목회자(사역자)들이 그의 주석을 정독하면서 예리하게 분석되어 제시되고 있는 성경 진리로 하나님나라를 확장하고 있다. 한 사람의 성공적인 성경 묵상이 이런 결과가 나오리라고 누가 감히 예상을 했겠는가?

3. 유진 피터슨의 하나님과의 관계

1) 육화된 하나님 말씀으로 묵상

유진 피터슨(1932~2018)은[74] 현대 그리스도인들에게 잘 알려진 성경학자이면서 목회자이다. 그는 신학을 전공한 후 신학교에서 교수를 하다 목회로 돌아섰다. 그러나 거기서 하나님의 특별한 콜링으로 새로운 성경 번역을 시도했으며 그 결과, '메시지 성경'을 출간했다.
교회는 성경을 먹는 거룩한 공동체이다. 성경은 잉크로 남겨진 문자로만 말하지 않는다. 성경은 육화(肉化)된 하나님의 말씀이다. 성경을 읽는다는 것은 곧 하나님의 말씀을 먹는다는 것이요, 예수 그리스도의 삶을 사는 것이다.[75]

2) 현실에 뿌리내리는 영성적 정서의 묵상

말씀 공동체는 묵상하는 공동체이다. 그러므로 메시지 성경은 머리로

만 하나님을 알지 않고 몸으로 안다는 것이다. 말씀을 우리의 삶으로 받아들일 때의 고통은 단순한 지적인 쾌락을 좇아가지 않고 몸으로 실천하며 살아야 하는 말씀을 바탕으로 묵상하는 공동체이다.

유진 피터슨 목사님은 일상을 중요시하면서 영적인 정서(신비)를 따라간다. 즉 현실에 충실히 뿌리내린 영성적인 정서에 충실하므로 말씀에 기댄 채 묵상하는 신앙의 정서에 충실했다. 그리스도인들은 충분히 현실적이어야 한다. 뜬구름을 좇아가는 식으로는 거친 세속성을 이겨나갈 수가 없다는 것이다. 현실을 똑바로 직시하고 현실에 뿌리내리며, 현실에 얽매이지 말고 극복할 것을 조용하게 외친다.

〈도표-18〉 **메시지 성경은 무엇인가?**

What is the Message Bible?

메시지 성경을 10년 동안 묵상하며 번역집필한 작품이 메시지 성경이다. '메시지 성경'은 일상의 언어로 쓰여진 읽는 성경으로 교인들에게 성경을 읽게 해주려는 유진 피터슨 목회자의 열정에서 시작되었다. "교인들이 성경을 원문으로 읽을 수 있다면 얼마나 신선한 충격을 받을까……" 하는 고민을 하면서, 교인들이 성경에 좀 더 다가갈 수 있도록 그들이 사용하는 일상의 언어로 '갈라디아서'를 번역하기 시작했으며 1년에 걸쳐 완성된 그 번역을 읽은 교인들은, 성경이 능히 읽을 수 있고 이해할 수 있으며, 다른 도움 없이도 읽어 낼 수 있는 매우 독특하고도 평이한 개인이 번역한(사역, 私譯)의 성경이다.

3) 성경 묵상은 신학화, 교리화하는 것이 아님

유난히도 현실을 강조했던 유진 피터슨 목사는 그리스도인이 성경을 읽을 때 성경이 기록된 당시의 상황이 아니라 신학화되고 교리화된 생각으로 성경을 접하는 것을 알게 되었다. 성경은 일반 대중들이 사용하는 코이네 헬라어로 기록되었다. 전문 단어가 아닌 보통이며 가치가 평이한 단어로 기록되어 있다.[76] 왜일까? 평범한 모든 사람들에게 전하기 위해서이다. 성경은 대학 논문이나 철학서가 아니라 일반 시민들에게 복음을 쉽게 설명해주는 의도로 기록되었으므로 평범한 대중들의 언어를 사용하여 번역 집필되었다.

4. 내가 경험했던 하나님

1) 그리스도를 만났던 현장 경험을 지킴

당신이 진정한 그리스도인이라고 내세울 수 있다면, 예수 그리스도를 만났던 삶의 현장이 있어야 한다. 건강하게 믿음의 삶을 살아가든지 보통의 믿음의 삶을 유지하는 그리스도인 누구라도 예수 그리스도를 친히 만났던 간증의 현장이 나름대로 있을 것이다, 가능하면 그 현장을 뚜렷하게 기억하고 마음에 새겨두는 것이 고난과 혼란을 극복하는 믿음의 삶으로 남게 된다.

2) 그 현장에서 들었던 음성을 기억함

그리스도인이라서 어떤 상황에서나 그리스도의 음성을 들을 수 있다면 얼마나 영적으로 유익한 삶이 되겠는가? 예수 믿는 진실된 사람이라면, 그리스도인의 삶을 부정하거나 그리스도에게서 돌아설 경우를 상상도 할 수 없다. 만약, 가룟 유다의 경우에 빠진다 해도 그 자신이 확실한 만남의 현장을 간직하고 있을 뿐만 아니라, 그 때 당시의 현장 속에서 하나님의 음성을 듣고 기억한다면, 하나님께서는 그를 흑역사(dark history) 속에서도 위대한 증인으로 다시 세우실 것이다.

적용

1. 경건에 있어서 서양과 동양의 차이는 무엇입니까?
이에 대하여 다른 점을 생각해 보십시오.

2. 메튜 헨리의 묵상방법은 본장에서는 무엇이라 말하고 있습니까?
그의 성경 묵상 방법은 어떤 결과를 낳았습니까?

3. 유진 피터슨의 묵상 방법은, 현실에 충실히 뿌리내린 영성적인 정서에 충실하므로 말씀에 기댄 채 묵상하기를 즐겨했습니다. 당신도 이러한 신앙정서에 충실한 묵상이 가능하다고 보십니까?

4. 메시지 성경이 지향하는 것은 몸으로 실천하면서 말씀을 바탕으로 묵상하는 공동체를 교훈하고 있습니다. 메시지 성경에 대하여 그 외의 말하고 싶은 장점을 생각해 보십시오.

5. 묵상은 비우고 채우는 일인데, 당신은 무엇을 비우고 채울 것인가?를 생각해 보십시오.

6. 당신이 경험한 묵상의 삶은 어떤 것입니까? 진지하게 생각하면서 서로에 대한 묵상의 방법에 대해 나누십시오.

제9장

경건의 실천-2

i. 묵상의 실례-첫번째

그리스도인이 성공적인 신앙생활을 하기 위해 하나님과 매일 만나는 생활을 해야 한다. 올바른 묵상을 위하여 기도와 말씀을 가지고 매일 규칙적으로 하나님과 나누는 영적 교제의 한 수단을 사용해야 한다.

자신(우리)은 그동안 하나님을 만나는 영적 교제의 시간을 갖기 위해 여러가지 방법으로 그분께 나아갔다. 예배를 통하여, 개인 기도를 통하여, 금식을 하면서, 특별 집회를 통하여, 하나님을 만나기를 시도했다. 그러나 그 방법으로도 하나님을 만나 영적 교제를 이룰 수 있지만, 여기서는 경건한 묵상이라는 구체적인 수단을 거쳐서 이뤄야 한다. 그 경건의 시간을 어떤 형식으로 가져야 하는가는 다음의 몇 가지의 방법으로 구체적으로 하나님 그분을 향하여 나아가기로 한다.

제목: 그리스도 안에서 변화되어가는 삶

본문(말씀, The Text): 에베소서 4:22-24

"22.너희는 유혹의 욕심을 따라 썩어져 가는 구습을 따르는 옛 사람을 벗어 버리고 23.오직 너희의 심령이 새롭게 되어 24.하나님을 따라 의와 진리의 거룩함으로 지으심을 받은 새 사람을 입으라".

〈도표-19〉

1단계-머무름(관찰, Observation)

1. '옛 사람을 벗어 버리고'와 '새 사람을 입으라'는 권면은 누구를 향하여 하는 말씀인가?
2. 이 권면을 관찰하면서 당신은 어떠한 믿음의 교훈을 발견할 수 있는가?(참고, 마13:22; 엡2:15; 골2:18; 히3:13).

1단계-헤아림(해석, Interpretation)

1. 에베소(그리스도인)인에게 권면하는 말씀이다.
2. 사람의 중생하지 못한 삶-행실, 성격, 태도 등의 생활 방식에서 따나라는 권면과 하나님의 형상대로 재창조된 백성으로 합당한 삶을 살라는 권면의 교훈이다.

1단계-함께 나눔(적용, Application)

1. 그리스도와 생동적으로 접촉하는 순간과 사단의 권세와 두려운 죽음에 접촉하는 순간과 감히 빗대어 볼 수 조차 없는 것이 생(生)과 사(死)의 극과 극이라는 예일 것이다.
2. 옛사람의 이전 생활방식은 세상에, 새사람의 생활방식은 그리스도 안에 속한 것으로 지금 자신의 삶에서 어떤 생활방식을 나타내며 살고 있는가? 자신(우리)은 이에 대한 생활방식을 이 말씀에 준거하여 점검해야 할 때이다. 옛사람이 죄로 인해 하나님 형상을 잃어버린 자아상과 구속으로 인해 하나님 형상대로 재창조된 자아상 새사람을 대조하여 다가오는 감사를 찐하게 해야 할 것이다.

2단계- 머무름(관찰, Observation)

〈도표-20〉 균형잡는 믿음의 삶

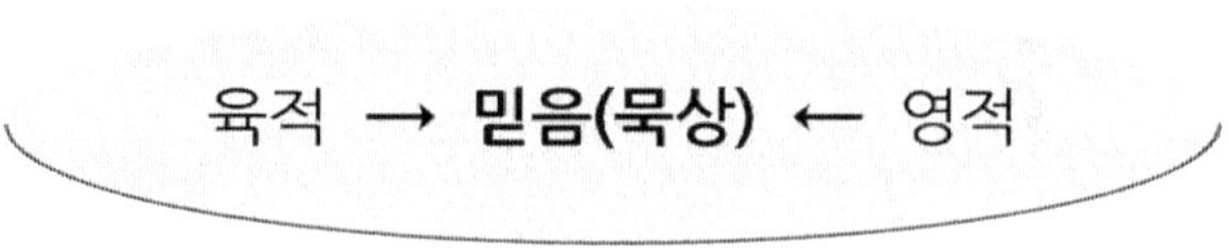

육적 → **믿음(묵상)** ← 영적

균형을 이루는 것
경건_묵상으로 하나님과 깊은 관계 유지
온전한 그리스도인으로 온전하게 세워감

1. 옛 사람(육적)을 벗는 일과 새 사람(영적)을 입는 일은 순간적으로 일어난다. 이에 대한 당신의 체험과 확신 등에 대하

여 간증해 본다. "오직 심령으로 새롭게 되어"의 확실한 의미를 밝히는 것이 지금 이 본문에 대한 헤아림의 묵상에서 유익하다(엡4:23; 참고, 고후4:17; 딛3:5).

2단계-헤아림(해석, Interpretation)

1. 성령님의 감동의 역사로 자신의 마음의 영을 새롭게 하는 것이 좋다. 나의 영혼을 사랑하신 하나님께서 죄의 신분에서 의의 신분으로 바뀐 것을 감사하는 말씀이다.
2. 옛사람의 육적 본성을 단번에 벗고, 새사람의 하나님의 형상을 단번에 입는 것이다. 그와 함께 영원히 새사람으로 대체되는 것이다.

2단계-함께 나눔(적용, Application)

1. 당신이 옛 사람을 벗는 일로서 자신을 십자가에 못 박는 듯한 영적인 체험을 한 사실을 떠올리며 이 은혜를 깊이 생각한다.
2. 과거의 수십년 이상을 익숙하고 친밀했던 옛사람을 벗는 일은 고통스럽고 매우 어려운 일이다. 그러나 이런 경험을 생략한다면 진정한 새사람으로 빚어지지 못할 것이다.
3. 새사람을 입는 일로서 하나님을 따라 지음 받은 영적인 체험을 했는가?
4. 자신(우리)의 의로움은 죄가 처참하게 파괴된 곳을 채우고 은혜로 회복시킨다. 그러나 이러한 경험이 있기 때문에 옛사

람을 벗고 새사람을 입게되었다.

3단계-머무름(관찰, Observation)

1. "오직 심령으로 새롭게 되어"라는 말씀은 근본적인 변화를 가리키고 있는가? 점진적인 변화를 가리키고 있는가? 이에 대하여는 '입고'(Put on, 24절), '벗고'(Put off, 22절)는 자신(우리)의 새롭게 되는 생활과 밀접한 관계가 있다.

3단계-헤아림(해석, Interpretation)

1. 이 말씀이 말하고자하는 교훈은 근본적이고 본질적인 변화이다. 마음의 무디고 굳은 죄에 대한 감각을 잃어버린 기능이 신령한 기능으로 변화됨을 말한다. 동시에 계속적인 변화를 요구하고 있다.

3단계-함께 나눔(적용, Application)

1. 본 말씀(The text)의 22, 23절은 분명하게 단회성과 계속성이라는 이중적인 교훈을 주고 있다.
2. 새롭게 변화된 사람은 하나님에 대하여 자신의 의무를 행하여 가는 것이다. 그것은 의롭게만 행하는 것이 아니라, 거기에는 거룩함도 수반되어야 한다. '입고', '벗고'는 일상적으로 옷을 입고 벗듯이 "하나님을 따라 의와 진리와 거룩함으로 지어져 가는 일"을 점진적으로 이루어야 한다.
3. 하나님의 자녀된 신분으로서 '입고', '벗는' 일을 묵상이라는

수단을 사용하면서 성령님의 조력(도우심)으로 가능하며 연속적으로 행하여 갈 수 있다(엡4:25).

ii. 묵상의 실례-두 번째

제목: 그리스도인의 성화(거룩해짐)

본문(말씀, The Text): 고린도후서 6:14-16

"14.너희는 믿지 않는 자와 멍에를 함께 메지 말라 의와 불법이 어찌 함께 하며 빛과 어둠이 어찌 사귀며 15.그리스도와 벨리알이 어찌 조화되며 믿는 자와 믿지 않는 자가 어찌 상관하며 16.하나님의 성전과 우상이 어찌 일치가 되리요 우리는 살아 계신 하나님의 성전이라 이와 같이 하나님께서 이르시되 내가 그들 가운데 거하며 두루 행하여 나는 그들의 하나님이 되고 그들은 나의 백성이 되리라".

〈도표-21〉

1단계-머무름(관찰, Observation)

본문에서 증거하고 있는 사실(fact)은, 우리(자신)는 죄 가운데 출생했으며, 예수 그리스도를 믿고 그리스도인이 되었다는 것을 말한다. 그리스도인은 죄의 속박에서 해방을 받았으며, 모든 죄를 용서받았다. 자신(우리)은 내가 주인되었지만 이제는 하나님께서 나의 인생의 주인이 되신다. 하나님께 속한 거룩한 백성이다. 신분적으로 거룩한 백성인데 내게는 너무 거룩하지 못하다 그런 의미에서 거룩하게 삶을 이뤄가야 한다.

1단계-헤아림(해석, Interpretation)

1. 하나님의 자녀가 되었다는 것은 거룩한 존재라는 말이다. 이는 예수 믿고 본질상 진노의 자녀가 아니라는 의미도 포함된다. 자신(우리)이 원해서 예수 믿은 것이 아니고 예수를 믿으니 거룩해진 것이다. 이제는 하나님의 성전으로서 어떻게 깨끗함을 유지해야 하는가?
2. 그리스도인은 선하고 정결하신 하나님의 속성을 따라야 한다. 그러므로 악하고 불법하는 자들과 함께 행동하거나 어울리지 말라고 권면하신 것을 순종하며 따라야 한다.
3. 그러나 내가 순수해도 죄의 영향력은 너무 강렬해서 자신(우리)의 힘으로는 악(죄)의 세력을 능가할 수 없다. 이미 거룩해 졌음은 내 힘이 아니라 성령님의 능력으로 거룩해 졌다.
4. 불결함에서 거룩함으로 변화된 그리스도인으로 변화된 것은 성령님의 능력으로 가능했으므로 이제는 그분의 능력으로 모든 것을 가능하도록 확신 있는 영적인 삶을 살아가야 한다.

1단계-느낌(교훈, Instruction)

1. 과거나 지금이나 예수 그리스도를 믿어도 하나님의 거룩한 자녀답게 살지 못한 경우가 많은 것이 매우 유감이다. 이 시간에 예수 믿기 이전의 죄들을 하나씩 구체적으로 떠올리면서 그것을 마음에서 지워버리도록 해야 한다.

2. 혹은 그리스도인으로서 거룩하게 살려고 발버둥 쳐도 죄를 아직 끊지 못하고 있는가? 혼자 고민하면서 죄와 악한 문제를 해결하려고 노력해도 잘 안되는가? 그 문제를 성령님 앞에서 허심탄회하게 내어 놓고 깨끗이 청산되기를 기도한다. 이 문제가 해결되지 않으면 거기서 실망하지 말고 하나씩이라도 해결하여 줄여나가자. 이것이 진정 우리가 성화하는 단계로 나가는 것이다.
3. 우리(자신)는 거룩해지기 위해 죄를 멀리하고 의롭게 살려고 몸부림치는 존재가 아니다. 이미 거룩해졌으므로 이 상태를 유지하기 위해 악한 불법을 멀리하고 피하는 것이다. 이런 경우는 자신을 좀더 자신감을 가지고 죄성을 극복해 가는 것이 중요하다고 생각한다.

1단계-함께 나눔(적용, Application)

1. 거룩한 생활의 동기는 무엇인가?(요13:2,3)
2. 거룩한 생활하기를 원하는 분은 하나님이다(살전4:3,7, 벧전 1:15,16)
3. 자신(우리)는 이미 거룩한 사람이다. 긍지를 가지고 거룩하게 살아야 할 의무와 책임이 있다.
4. 그리스도인의 성화의 과정은 단회적이 아니고 점진적인 과정에 있음을 늘상 염두에 두고 추구해야 한다.

나에게 내 삶의 풍성함이 어떻게 나타나야 하는가?(딤후3:16)

<도표-22> *77) **TIP-'경건의 실제2'를 위한 말씀묵상 4단계**

TIP-Quiet Time of God's Word Step 4

1. 관찰

관찰이란 성경 본문이 전달하고 있는 사실(fact)을 찾아내는 것을 말한다. 이런 사실을 찾아내기 위하여 묵상하는 그리스도인은 보통 정리 요약이나 재진술, 단락 나누기와 같은 방법들을 사용한다. 이런 관찰은 귀납적 성경공부의 다음 단계를 위해서 가장 필수적인 기초 역할을 하는 첫째 단계이다.

2. 해석

다음 단계는 해석이다. 해석은 관찰을 기초로 하여 성경 본문이 전달하고 있는 의미를 찾아내는 것을 말한다. 이런 의미를 찾기 위해 묵상자는 연구와 묵상을 해야 한다. 여기서 연구란 사전이나 주석 같은 외부자료를 이용하는 것을 말한다. 묵상이란 그런 외부자료를 근거로 묵상자의 내부에서 이해와 설명을 추구해야 하는 것이다.

3. 교훈

해석 다음 단계는 느낌(교훈)이다. 앞에서 다룬 관찰과 해석이 객관적인 직업이라면 느낌은 주관적인 묵상 작업이다. 느낌이란 해석을 통해서 발견된 진리나 교훈에 대해 묵상자의 마음 속에 일어나는 모든 생각을 말한다. 도전, 반성, 깨달음이 바로 그러한 것들이다.

4. 적용

느낌 후 다음(마지막) 단계는 적용이다. 느낌이 묵상자의 마음에 관련된 부분이라면 적용은 묵상자의 행동(action)에 관련된 부분이다. 느낌이 해석을 통해서 찾은 교훈들 중에서 삶에 적용하겠다고 생각하는 영역이라면 적용은 그 교훈이 말하는대로 실제로 어떠한 삶으로 적용할 것인지를 결단하고 계획하는 영역이다.

적용

1. 경건의 실천-첫 번째 “그리스도 안에서 변화되어가는 삶” (엡4:22-24)에서 [관찰/해석/적용]을 하면서 어떤 교훈(진리)을 적용하라는 것입니까?

2. 경건의 실천-두번째 “그리스도인의 성화(거룩해짐)” (고후6:14-16)에서 [관찰/해석/교훈/적용]을 하면서 어떤 교훈(진리)을 적용하라는 것입니까?

3. 두 가지 경건의 실천을 생각하면서 묵상에 대한 어떤 유익을 얻은 것 같습니까?

제10장
경건을 위한 묵상과 자존감

i. 묵상을 실천하지 못하는 이유

1. 분주한 생활 방식(롬12:1-2)

현대사회 속에서 삶을 영위해가는 모든 세대는 항상 바쁘게 살아간다. 1080이라는 숫자의 개념은 10대부터 80대까지 급하게 살면서, "나는 매우 바쁘다!"(I'm very busy!)라는 말을 입에 달고 산다. 세상은 우리로 하여금 바쁘게 만들어서 '내가 왜 사는지' '무엇을 위해 사는지', '내가 어디서 와서 어디로 가는지' '무엇을 하고 있는지'도 모른 채 끌려가듯 한다. 정신 의학자 C.G.융은 "분주함은 마귀의 것이 아니다. 그것은 바로 마귀 자신이다"라고 했다.

바쁘고 분주한 삶 자체에 매몰되다 보니 깊은 묵상의 시간을 누리지 못한다. 나아가서 건강한 그리스도인으로서 믿음에 속한 자신의 일에 성실하지 못하게 하므로 늘 안정감이 없고 요동치는 삶에 쏠려 묵상을 실천하지 못하는 것이다(사26:3).

2. 늦잠에 취하는 게으름에 빠짐(잠24:33-34)

밤늦게까지 일하기 때문에 아침이란 시간을 활용할 수 없고 아침에 경건하고 차분한 시간을 갖지 못한다. 아침은 저녁부터 시작한다는 말이 있듯이 내일 아침에 기상하여 실천할 일을 예상하면서 저녁에 준비하면서 잠을 청한다. 우리는 경건한 삶을 유지하면서 저녁에 잠자는 시간과 상관없이 아침에 일어나는 시간은 정해진 시간에 일어나 묵상을 실천할 수 있다. 지금은 시대가 너무 빠른 것을 원하므로 24x7을 좋아하는 것 같다.

3. 성경 말씀에 대한 기대감이 없음(시27:14)

어제나 오늘이나 변함없이 그분의 복에 동참할 길은 하나님의 말씀이다. 우리(자신)는 기록된 말씀을 통해서 매일 나에게 일용할 양식을 공급하시며 말씀을 통해서 푸른 풀밭과 잔잔한 물가로 인도할 것이라는 약속을 가지고 있다. 그러나 우리(자신)에게 기대감에 부푼 믿음이 없기 때문에 묵상의 시간에 홀로 하나님 앞에 나서질 않는 것이다. 거기엔 우리(자신))를 위한 풍부한 삶의 비밀이 가득차 있는데도 그렇다. 묵상을 실천하지 못하는 이유치곤 너무나 빈약하기 짝이 없다. (시1:1-3).

4. 삶에 우선순위를 정하지 않음

우리(자신)의 삶의 여정 가운데 묵상을 통한 삶에서 '우선순위('Priority)의 기준이 없으므로 하나님께서 말씀하신 대로 행하지 못했다. 그저 내가 좋다는 기준으로 생각하고 실천한 결과 자신의 아이디어와 지식과 경험을 의지해서 생활을 꾸려가느라 허둥지둥했다.

아브라함에게 하나님의 약속이 더디게 성취되었던 경우는 하나님 약속을 믿지 않고 환경을 바라보았기 때문이다. 하갈을 통해 후손 이스마엘을 보게 되었을 때도 하나님의 말씀과 뜻은 사라를 통해 이삭을 얻게 되므로 약속을 성취하시길 기다려야 한다. 우리(자신)는 묵상을 통하여 경건을 추구하면서 주님과 친밀한 교제를 우선 실천하기 위해서는 잘못된 삶의 순환을 수정해야 하므로 우선순위는 매우 중요한 요소이다.

우리(자신)가 그리스도인으로서 경건을 위한 묵상을 실천하지 않으면 낮은 자존감에 시달리는 것은 자명(自明)한 일이다.

ii. 낮은 자존감에 대한 경계

묵상에서 멀어지면 나타나는 현상

1. 내가 누구인지 모름(I don't know Who am I)

하나님의 말씀은 살아 역사하신다. 경건을 위한 묵상 중, 본문의 말씀이 우리(자신)를 가르치는 교훈을 음미해 간다. 그리스도인으로서 현대 사회 속에서 주어진 삶을 경건하게 유지한다는 것은 모든 것에서부터 '나'라는 개체(個體)를 세속성의 이질적인 도전에서 거룩성으로 지켜간다는 의미를 함축하고 있다. "네가 네 자신과 가르침을 살펴 이 일을 계속하라 이것을 행함으로 네 자신과 네게 듣는 자를 구원하리라"(딤전4:16).

경건을 위한 묵상에 있어서 텍스트로 주어진 말씀은 뜻밖에도 '우리(나) 자신을 대상으로 하는 교훈으로 삼고, 자신을 바로 살피라'는 것이므로 그 말씀의 교훈을 세심하게 경청(傾聽)해야 한다. 이때, 말씀은 매우 예리하게 묵상하는 자의 존재와 신분 관계를 명확하게 깨닫게 하고 그 자리에서 사명을 재다짐하게 하는 능력을 가지고 있다. 혹시 하나님의 일을 행하다 보면, 본질에 대한 회의감에 빠질 수 있으며, 현재 진행에 대한 불확신 속에 혼란을 거듭할 수 있다.

그럴 때 말씀에 비추어 "내가 누구인지 모른다"(I don't know Who am I)는 '낮은 자존감에' 사로잡힐 수 있다. 그리스도인이 경건의 삶을 힘차게 살아가기 위해서 거기서 포기하거나 방치할 것이 아니다. 우리(자신)는 하나님의 일을 부여받은 사역자로서 '높은 자존감'을 지녀야 할 것이다. 그리고 오히려 긍지가 높은 사역자로서 묵상에 임하면서 맡은 일을 성공적으로 감당하기를 빌어야 할 것이다.

2. 하나님의 뜻을 발견하지 못함

묵상의 궁극점(Ultimate point)은 무엇인가? 묵상에 임하는 자가 자신의 형편을 적나라하게 성찰하면서 더 나은 경건의 길을 향하는 여정(旅程)에 들어서는 것이다. 본 말씀은 다음 같은 진리를 포함한 말씀을 우리(자신)에게 던져주고 있다.

> "너희는 이 세대를 본받지 말고 오직 마음을 새롭게 함으로 변화를 받아 하나님의 선하시고 기뻐하시고 온전하신 뜻이 무엇인지 분별하도록 하라"(롬12:2).

'온전하신 뜻'을 명확하게 파악하는 것이 경건을 위한 삶을 사는 자의 지혜이다. 그러나 세속적인 영향력에서 거룩하신 오묘한 하나님의 뜻을 온전하게 파악한다는 것이 어려운 일이다. 이 성가심에서 탈피하려면 세속에 길들여진 자신(우리)의 습관들을 묵상으로 정화시켜야 할 것이다. 그러므로 말씀은 단호하게 권고한다. "너희는 이 세대를 본받지 말라"는 의미를 곱씹어야 할 것이다. 경건을 위하여 '세상적인 일을 따르지 않는다면', 혼탁해진 마음을 말씀으로 거른 후에야 오묘하신 그분의 뜻을 발견할 수 있게 된다.

3. 사역이 제한되거나 기름 부음의 효력상실

> "만일 기름 부음을 받은 제사장이 범죄하여 백성의 허물이 되었으면 그가 범한 죄로 말미암아 흠 없는 수송아지로 속죄 제물을 삼아 여호와께 드릴지니"(레4:3).

특별한 콜링(사명)을 받은 사역자가 세상 사람들과 같은 범죄를 행한다면 그가 행하는 사역에서 능력이 약화(弱化)되어 거룩한 일을 제한

받게 된다. 그와 함께 영적인 힘이 사라져 기름 부음심의 효력이 상실될 수 있다, 삼손이 특별한 힘을 받았던 루트는 머리카락에 있었다. 그러나 그가 이방 여인의 유혹에 빠져서 '나실인'(Nazinite)의 특별한 비밀을 누설하므로 그는 두 눈이 뽑히고 연자맷돌을 돌리는 형벌을 당하는 존재로 추락하고 말았다.

그렇다면 이같은 비극의 나락으로 떨어져 낮은 자존감에 허덕이지 않으려면 어떻게 해야 할까? 그것은 자신을 성찰할 수 있는 묵상의 길로 나아가 절대자 하나님 앞에 자신을 내놓고 묻고 답할 수 있는 성찰의 시간을 갖는 것이 최상의 방법이라고 권면한다.

5. 사람에 대한 두려움이 닥침(딤후1:7)

하나님께서 거룩한 교회 공동체를 지상에 세울 때, 성도들을 한데 묶어서 한 공동체(One group)를 이루게 했다. 이것은 서로 상호간 사람이 사람을 상대하면서 원망하도록 부르시거나 미워하도록 한 공동체로 이루어 놓지 않으셨다.는 것을 깨달아야 한다.

> "사람을 두려워하면 올무에 걸리게 되거니와 여호와를 의지하는 자는 안전하리라"(잠29:25).

경건을 위한 묵상을 행하는 자로서 우리(자신)는 이 문제에 대하여 매우 진지하게 생각하고 처신해야 한다. 왜냐하면, 사람을 살리는 일도 하나님께서 한 사람을 세워서 그 역사를 진행해 가시면서 성경 기록으로 그것을 증거하고 있다. 그러나 하나님께서는 사람이 사람을 멸하거나 침몰시키는 일도 가차 없이 시행하신다는 것이다.

그리스도인이 낮은 자존감에 매여 있는 경우, 그에게 하나님의 일을 대변(代辯)하게 하실 때, 사람을 살리는 일을 감당할 수 없게 된다. 그러나 우리는 경건을 이루고 반드시 하나님 여호와를 의지하고 그에게 모든 것을 걸어야 한다. 그럴 때 우리(자신)는 하나님의 대리자로서 일을 감당하여 궁극적으로 하나님께 영광을 돌리게 된다.

6. 죄가 자란다(시1:1-5)

'따르다-Walk'. '서다-Stand' '앉다-Sit'. 3개의 동사는 점층법을 사용하는데 우리가 묵상하지 않으면 죄는 이처럼 자라난다. 대신 악인은 죄의 길을 걷고, 걸어가다가 서고, 그 다음에는 앉는다.

iii. 낮아진 자존감에 대한 묵상

하나님으로 부터 멀어질 경우

1. 인간의 능력의 한계에 도달함

갈멜산에서 엘리야는 아합왕을 따르는 거짓 선지자 850명(바알, 아세라)과 대적하여 의로우신 하나님의 편에 선 엘리야가 통쾌한 승리를 거둔다. 이 얼마나 대단하고 자랑스러운 하나님의 선지자인가?

여호와여 내게 응답하옵소서 … 이에 여호와의 불이 내려서 번제물과 나무와 돌과 흙을 태우고 또 도랑의 물을 핥은지라 … 엘리야가 그들에게 이르되 바알의 선지자를 잡되 그들 중 하나도 도망하지 못하게 하라 하매 곧 잡은지라 엘리야가 그들을 기손 시내로 내려다가 거기서 죽이니라(왕상18:37-40).

원수와 대적하는 그 현장에서 엘리야 혼자서 죽음을 내걸고 하는 투쟁은 우리가 상상만으로 엘리야의 절절한 심리를 다 이해할 수가 없다. 그러나 문제는 그후에 더 심각하게 발생했다. 그토록 치열하게 전능하신 하나님 만을 기대며 의로운 투쟁을 하던 엘리야는 의기소침하면서 탈진한 상태로 전락한다.

2. 사역에서 멀어짐

"이세벨이 사신을 엘리야에게 보내어 이르되 내가 내일 이맘 때에는 반드시 네 생명을 저 사람들 중 한 사람의 생명과 같게 하리라 그렇게 하지 아니하면 신들이 내게 벌 위에 벌을 내림이 마땅하니라 한지라"(왕상19:2).

구약성경 역사에서 이세벨은 악랄하고, 그녀 앞에 누구도 막아서는 자가 없을 정도의 사악한 존재였다. 그런 그녀가 자신의 수하(手下)들인 선지자를 다 멸한 엘리야에게 그의 생명을 거두겠다고 도전해 왔다. 엘리야는 순간 이를 두려워하면서 자신감을 잃어버린 것이다. 선지자가 하나님께서 부여한 사명(사역)을 힘들어 하는 케이스이다.

3. 사역 포기, 생명까지 포기함

"자기 자신은 광야로 들어가 하룻길쯤 가서 한 로뎀 나무 아래에 앉아서 자기가 죽기를 원하여 이르되 여호와여 넉넉하오니 지금 내 생명을 거두시옵소서 나는 내 조상들보다 낫지 못하니이다 하고"(왕상19:4).

탈진 상태에 빠진 엘리야는 이젠 사역이고 뭐고 다 의미 없는 것이다. 그렇게 치열하게 자신에게 부여해준 사명을 붙들고 씨름하던 엘리야는 광야 한가운데서 자신의 생명을 거둬가주시기를 간곡히 부탁하고 있다. 얼마 전만 해도 당당하던 엘리야가 죽기를 청하고 있다는 사실이다. 과연 여기서 그의 사역의 여정은 끝이 날 것인가?

4. 생명까지 포기한 엘리야에게 비밀을 알려주심

> "그가 대답하되 … 이스라엘 자손이 주의 언약을 버리고 주의 제단을 헐며 칼로 주의 선지자들을 죽였음이오며 오직 나만 남았거늘 그들이 내 생명을 찾아 빼앗으려 하나이다 … 사십 주 사십 야를 가서 하나님의 산 호렙에 이르니라 엘리야가 그 곳 굴에 들어가 거기서 머물더니 여호와의 말씀이 그에게 임하여 이르시되 엘리야야 네가 어찌하여 여기 있느냐 그가 대답하되 내가 만군의 하나님 여호와께 열심이 유별하오니 이는 이스라엘 자손이 주의 언약을 버리고 주의 제단을 헐며 칼로 주의 선지자들을 죽였음이오며 오직 나만 남았거늘 그들이 내 생명을 찾아 빼앗으려 하나이다 여호와께서 이르시되 너는 나가서 여호와 앞에서 산에 서라 하시더니 여호와께서 지나가시는데 여호와 앞에 크고 강한 바람이 산을 가르고 바위를 부수나 바람 가운데에 여호와께서 계시지 아니하며 바람 후에 지진이 있으나 지진 가운데에도 여호와께서 계시지 아니하며 또 지진 후에 불이 있으나 불 가운데에도 여호와께서 계시지 아니하더니 불 후에 세미한 소리가 있는지라(왕상 19:8-12).

5. 묵상의 도구 사용

자신의 고귀한 생명을 주신 하나님 앞에서 엘리야에게는 더이상 무얼 바랄 수 있을까? 밤낮을 가리지 않고 사십일을 달려가 하나님을 만날 수 있는 곳, 호렙산의 굴로 들어가 하나님과 대면하게 된다. 사실, 엘리야는 그저 막연하게 하나님을 바라면서, 그곳이 호렙산이라서 마지막 힘을 다해 여기까지 온 것이다. 여기서 하나님을 바란다는 것은 엘리야는 전에 하던 믿음의 습관, 묵상의 도구를 사용한 것이다.

6. 묵상은 세미한 음성을 캐치함

드디어 하나님이 먼저 엘리야에게 찾아 오셨다. 어떤 형태로 임하셨는가? 바람 가운데도, 지진 후에도, 그리고 불 가운데도 나타나지 않으셨다. 바로 세미한 음성으로 임하셨다.

엘리야가 묵상에 임한지 얼마나 되었을까? 갈멜산에서 요란스럽고 강하고 위협의 과정을 버틴 후, 호렙산에서는 너무나 조용하고 확신있게 세미함으로 나타나신 하나님은 그에게 비밀을 알려 주셨다. 결국은 다시 엘리야를 일으켜 세우기 위해 패배감에 빠져서 생명까지 포기했던 엘리야를 신비로운 삶의 강약(强弱)의 체험을 통해 이스라엘 백성을 구속하는 날카로운 도구로 사용하셨다.

7. 묵상은 잠재된 능력의 원천

> "그러나 내가 이스라엘 가운데에 칠천 명을 남기리니 다 바알에게 무릎을 꿇지 아니하고 다 바알에게 입맞추지 아니한 자니라" (왕상19:18).

이제 엘리야는 결코 혼자가 아니었다. 하나님께서 그를 위해 예비해 두셨던 '칠천 명'의 의로운 사람을 붙여주셨다. 그리고 승리의 역사를 위한 자취를 남기고 하나님이 맡기신 일을 다 감당하게 하셨다. 묵상은 이와같이 위대한 힘을 지닌 잠재된 능력의 원천이다.

iv. 말씀을 묵상하는 삶의 보상

1. 시절을 좇아 항상 열매를 맺음(시1:1-3)

말씀을 묵상하므로 부차적(副次的)으로 따라오는 믿음의 삶은 어떠한가? 시련과 역경이 와도 변함없이 항상 물가에 심기운 나무처럼 마르지 않고 잎이 청청하며 열매를 맺게 한다(요2:1-10, 10:10). 이 과정은 하루의 해가 뜨고 지는 과정 보다 더 확실하게 경건을 위한 묵상을 실천하는 자에게 이르지 않을까?

2. 하나님의 원리 원칙에 순종함

그리스도인의 경건의 삶에 있어서 날마다 말씀의 다림줄 기준이 되어 주시는 분은 전능하신 하나님이시다. 그 은혜로 우리(자신)는 좌로나 우로나 치우치지 않고 균형잡힌 삶을 살아갈 수 있다. 즉 우월감이나 열등감도 아니며 정죄나 판단하는 마음도 아니므로 하나님의 아버지의 마음을 지니고 살아 갈 수 있다(시119:14). 그것이 하나님의 원리 원칙에 순종하는 방편이며, 경건을 추구하는 묵상이다.

본서의 주제와 같이 '묵상과 함께 떠나는 여정'(A Journey *with* A Silent Prayer)이라고 할 수 있다.

3. 원수의 대적(훼방)에서 자유로움(시119:22, 요8:32)

명철과 지혜를 얻는다(시119:99-100). 우리가 인생을 살아가면서 지식보다 지혜가 필요할 경우가 더 많다. 한데 그 지혜의 근본되시는 하나님의 말씀을 날마다 묵상하므로 지혜가 충만한 사람에 이르는 것은 물론이다. 더욱 믿음을 훼방하고 삶의 전선에서 고전하게 만드는 사탄의 대적을 말씀 묵상을 통해서 넉넉히 극복하게 되면서 신앙의 자유로움을 구가(求暇)하게 된다.

4. 묵상을 통해 훈련되므로 능력있게 됨

복음을 전하는 삶을 살아 간다(막16:15, 마28:19-20, 잠18:20). 사도 베드로처럼 복음을 기탄없이 전하는 믿음의 사람이 된다는 것은, 하나님 말씀을 통하여 이루어 진다. 베드로는 학문의 배경을 미처 갖추지 못했으나 복음 증거를 기탄없이 전하므로, 한번 설교를 통해 3천명, 5천 명씩 회개하고 돌이키는 역사가 일어났다. 비록 이천년 전에 발생한 기적이지만, 지금도 묵상을 통해 훈련되므로 능력에 찬 우리(자신)로 하여금 주님은 지금도 동일한 역사가 일어나게 하실 것을 굳게 믿는다.

훈련되지 않았던 베드로는 성령 충만을 받고 묵상을 통해 훈련되므로 복음을 능력 있게, 그리고 가장 잘 전하는 제자가 되었다. 성경은 복음을 말로만 전하는 것이 아니요. 성령의 능력으로 전하는 것이라고 했다(고전1:19-31).

베드로처럼 성령의 권능과 능력을 받고 훈련하다 보면 우리 안에 새로운 하나님의 지식으로 가득 채워진다. 그러므로 우리(자신)도 어느 누구보다 복음을 능력있게 전하고 싶은 열정과 갈망이 일어나게 될 것을 믿는 마음 간절해 진다.

v. 높은 자존감에 대한 묵상

매일 거울 앞에서 하듯

1. 나는 하나님의 자녀(백성)(요1:12-13)

우리(자신)가 거울 앞에 설 때, 자신에 대한 모습을 비로서 알게 된다. 묵상은 하나님 말씀이라는 거울에 자신을 들여다보듯 하게 된다. 이 말씀은 하나님을 맞아들인 사람들을 '영접하는 자'(a receptionist)로 설명한다. 그는 곧 예수를 믿는 사람을 말하며, 그에게는 특권을 주셨으며 하나님의 자녀가 되는 특권이다. 이 특권에 대하여 본 말씀에서는 혈통에서 나지 않았으며, 육정으로도 아니고, 사람의 뜻에서 나지 않았고 하나님에게서 났다는 것이다.

그러므로 경건을 위한 묵상을 통하여 자연스럽게 깨닫게 되는 말씀은, 우리(자신)는 이에 해당하는 사람들로서 하나님께로 부터 받은 특권을 지녔다. 그것이 곧 예수 믿는 '그리스도인'이라는 축복된 이름이다. 이 복된 이름을 깨닫는 순간부터 영원까지 "나는 하나님의 자녀(백성)"(I am the people of God)라는 자존감을 가지고 살게 된 것이다.

2. 나는 존귀하고 보배로운 자(사32:7-8, 시16:3)

현실 속에서 약자(가난한 자)는 강자에게 피해를 입거나 큰 손상을 당하고 넘어지는 경우를 자주 목격하게 된다. 여기서 느끼는 것은 너무 안타깝다고 말하는 것 외에 달리 방법이 묘연하다는 것이다. 상대를 잡아먹는 이리 때와 같은 그들에 대해 교훈하고 있다.

> "악한 자는 그 그릇이 악하여 악한 계획을 세워 거짓말로 가련한 자를 멸하며 가난한 자가 말을 바르게 할지라도 그리함이거니와 존귀한 자는 존귀한 일을 계획하나니 그는 항상 존귀한 일에 서리라"(사32:7-8).

경건을 위해 묵상하는 자는 말씀의 교훈을 바로 깨닫고 살아가므로 고귀한 일을 계획하고 고귀한 뜻을 추진하면서 살아가게 한다. 또한 묵상은 우리를 바른 삶으로 인도하여 주기 때문에 선하고 지혜를 사모하게 되면서 그에 대한 자존감를 지키며 살아갈 수 있다.

3. 나는 왕 같은 제사장(벧전2:9)

묵상을 통해 주님께서 권면하는 말씀은, 우리(자신)에게 "너희는 택하신 족속이요 왕 같은 제사장들이요 거룩한 나라요 그의 소유가 된 백성이니"라고 하신다. 우리(자신)가 구원받기 전에는 어둠에 속한 존재였는데, 그 가운데서 끌어내어 주셨다. 어느 누구도 발(發)할 수 없는 광명한 빛으로 인도해주셨다. 그것에 감동하고 찬사를 보낸다.

묵상은 이렇게 우리(자신)를 고귀한 존재로서의 자존감(Self-esteem)에 대한 확신을 갖게 하면서 다음과 같이 선포한다.

"나는 왕과 같은 제사장이다!"(I'm a royal priesthood!).

그리고 그와 동일한 권위를 지니고 하나님의 자녀답게 영적으로 고귀한 삶을 이루며 왕권에 대한 특권을 행하게 하신다.

4. 나는 신묘막측하게 창조된 자(시139:13-14)

창조주이신 하나님은 우리(자신)의 장기(臟器)를 창조하시고, 나의 모태(母胎)에서 나를 짜 맞추셨다고 말씀해 주고 있다. 자신이 이렇게 창조된(빚어진) 사실이 오묘하고 주님께서 하신 일이 놀랍다고 한다. 바로 묵상은 이런 기이한 비밀을 깨닫게 하며 동시에 그 말씀을 성령님을 통해 직접 듣게 해준다.

경건을 위하여 묵상하는 자는 그렇지 않은 자와 비교할 때 자신의 자존감에 대하여 주님께 감사드릴 수밖에 없다. "내 영혼은 이 사실을 너무도 잘아는 신분으로서 오직 하나님께만 영광을 올려 드립니다" 고귀한 자존감은 지금 이 순간도, '신묘막측'(기묘함) "너무 훌륭하게 두려울 정도로, 기막히게 지어주셨다"(I am fearfully and wonderfully made)고 고백한다.

5. 나는 하늘의 시민권자이다(요3:16),

묵상은 우리(자신)가 영생(Eternal life)을 얻은 신분임을 자각하게 한다. 그 이유는 하나님께서 '세상'(그 안에 나까지)을 '이처럼'(그의 외아들 예수 그리스도를 나를 위해 희생시켜) 사랑하셔서 결국은 우리(나)를 영원히 살려 주셨다. 이러한 자존감으로 우리의 시민권은 하늘에 있다고 깨닫게 해주는 수단이 묵상이다. 그러므로 묵상하는 자는 어느 곳에 머물든지 그곳으로부터 기필코 구주로 다시 오실 주 예수 그리스도를 기다리고 있는 존재이다.

> "우리의 시민권은 하늘에 있는지라 거기로부터 구원하는 자 곧 주 예수 그리스도를 기다리노니"(빌3:20).

> 그러므로 "*묵상과 함께 떠나는 여정*을 지금 이 순간부터 뿌듯하게 마음 속 깊이 가져 본다.
> "Oh, Lord, Maranatha! Oh, Lord, Come -1cor. 16:22b.

〈도표-23〉[78)]

두 개의 지평

The Two Horizone

인간은 세상을 살아가는 동안 여러 형태의 승부와 부딪치기도 하고 또 갈채와 함께 감동하며 삶을 이어간다. 그러나 사람은 실존하면서 생의 적수(敵手)를 소유하고 사는데, 사람의 생(生)을 쇠잔하게 하는 적수는 수도 없이 많다. 세월, 고독, 불행, 질병, 쾌락, 절망, 고난 등, 이런 것들이 인간을 유혹하고 파산시키고 도태하게 만든다. 다만 이것들은 '세상의 지평'(The Horizone of World)에서만 찾을 수 있다.

다른 '믿음의 지평'(The Horizone of Faith)인 히브리서 11장에는 "구름같이 허다한 증인들"이 등장한다. 이들은 믿음을 가지고 승부를 위해 고함치며 사력을 다했던 사람들이었다. 지금도 새 예루살렘 천국에서 믿음의 승부를 가리기 위해 아직도 지상에서 신앙의 경주를 계속하는 우리에게 응원의 함성과 함께 격려를 아끼지 않는다.

[**아벨**]은, "나는 믿음으로 하나님을 섬기려다 목숨까지 잃었다"고 말하며, 끝까지 분투하기를 성원하고 있다.

[**에녹**]이 "나는 악한 시대에 살았으나 삼백년 동안이나 하나님과 동행했다"고 하며 하나님과 함께하여 승리를 바라고 있다.

[**노아**]는 "여러분, 나는 고독한 싸움을 120년 동안 했지만 아무도 나를 동조하지 않았다"면서 하나님의 일은 고독 가운데 준행하여 성공하길 바란다고 말했다.

[**야곱**]은, "나는 젊을 때, 방탕하고 약삭빠른 방법을 사용하다 실패한 후 하나님께 자신을 맡기고 성공했다"고 하며, 하나님의 방법으로 하지 않으면 성공한 것 같아도 결국 실패하는 것이라고 한다.

모세, 요셉 등 선진들은 믿음의 지평에서 떠나지않고, 금쪽같은 목숨을 초개같이 내던지며 주를 향해 달려갔기 때문에 모든 것을 원하는대로 성취했다고 간증한다.

적용

1. 묵상의 궁극점(Ultimate point)은 무엇입니까?
(묵상에 임하는 자신의 형편을 적나라하게 성찰하면서 좀 더 나은 길을 향해 가는 여정(旅程)에 들어서는 것이다).

2. 여기서 묵상 중 무엇을 찾는 것이 바람직한 묵상이 된다고 생각하십니까?

3. 묵상함으로 자존감을 회복하는 일은 무엇을 경계하는 것입니까? 이에 대한 새로운 묵상은 어떤 방법이라고 생각하십니까?

4. 그리스도인으로서 자존감은 우리(나)에게 어떤 의미가 있습니까?

5. 하나님의 자녀답게 사는 특권이 무엇입니까? 그와 관련된 말씀을 상고하면서 그 말씀에 담긴 교훈을 찾아 토의하십시오.

6. 이제는 '묵상과 함께 떠나는 여정'의 계획을 세워 봄직도 합니다. 어떻게 세우고 실천하려 하십니까?

각 주

1) 1960년 로렌 커닝햄이 청년들로 상징되는 파도가 점점 커져서 온 땅을 덮는 환상을 보고 설립한 초교파 국제 선교단체. 수많은 젊은이들이 일어나 전 세계 각 나라로 복음을 들고 들어갈 것을 기대하며 만들었다. 세계에서 가장 큰 선교단체로 평가된다. 모토는 '그를 알고 그를 알리자'(To Know God and Make Him Known). 전 세계 135개국 900여 지부에서 16,000명의 전임사역자가, 대한민국에서는 19개 지부에 800여 명의 전임간사와 400여 명의 선교사, 350여 명의 협동간사가 사역하고 있다. 우리나라에는 1961년 오대원 목사(David E. Ross)가 미국 남장로교에서 국내 선교사로 파송되었다. 그후 1972년 예수전도단의 출발점이 되는 화요기도모임이 시작되고, 1973년 오대원 선교사가 국제 YWAM과 상관없이 독자적으로 '예수전도단'을 발족했다가 1980년에 다시 연합하여 한국 대표를 맡았다. 한국 본부(YWAM Korea)는 서울시 관악구 신림로 74길 14(신림동)에 위치한다[네이버 지식백과-교회용어사전].

2) 예수전도단(YWAM)은 Youth With A Mission의 이니셜을 사용하고 있는(www.ywamkorea.org), 세계적인 선교단체이다. 처음엔 '부흥 한국'으로 알려졌지만, 지금은 문화, 대학생 선교운동 등으로 더 유명해져 있다. 더 자세한 것은, 소개한 사이트를 참조하면 된다. DTS는 예수전도단에서 운영하는 특별 훈련프로그램으로 '하나님의 음성을 듣는 법' 등의 강의를 통해 몇 개월간의 합숙으로 이뤄지는 훈련이다
http://www.ywamkorea.org/?url=ywam_intro.

3) 묵상(默想, devotion), [네이버 지식백과-라이프성경사전 생명의말씀사].

4) 쉐마 이스라엘(히브리어: שמע ישראל, 이디시어: Sh'ma Yisroel '들으라 이스라엘'. '셰마' 또는 '쉐마'로 줄여 부르기도 한다.)은 신명기 6:4-9, 11:13-21, 민수기 15:37-41에 나오는 성경 구절을 두루 이르는 말로서, 유대인들이 매일 아침 저녁으로 예배 때에 읊는 기도를 말한다.

이스라엘 사람의 하나님에 대한 열렬한 믿음과 사랑을 표명하는 세 절(節)로 되어 있고, 유대교 신앙의 핵심을 이루고 있다.

5) 헤르만 리델보스, 「바울 신학」, 박영희 역, 서울: 개혁주의신행협회, 1991, p.210.

6) 정성구, 「아브라함 카이퍼의 사상과 삶」, 경기: 킹덤북스, 2010, pp.306-307.

7) 정성구, 같은 책, p.306.

8) 헤르만 리델보스, 같은 책, pp.211-220.

9) 헤르만 리델보스, 같은 책, p.210.

10) 이경섭, 「개혁주의 영성체험」, 서울: 예루살렘출판사, 2005, p.15.

11) Bible Study Methods: Twelve Ways You Can Unlock God's Word by Rick Warren. Appendix A.

12) The Journey by Billy Graham. p.102.

13) 이경섭, 같은 책, p.16.

14) 이경섭, 같은 책, p.18.

15) 이경섭, 같은 책, p.19.

16) 변종길, [화란 개혁교회의 영성과 경건을 중심으로], (사랑의교회 성경신학회 발표 논문, 2000), p.2.

17) A.W. Pink, *Practical Christianity*, Grand Rapid: Baker Book

House, 1974.

18) 강병도, 「카리스 종합주석-시편1-27편」, 서울: 기독지혜사, 2011, p.574.

19) 리처드 포스터, 「리처드 포스터의 묵상기도」, 김명희역, IVP, 2011, pp.22-23.

20) https://youtu.be/qQd015M_9yw

21) 이선화, [현대 그리스도인의 성품 변화모색], 쉐퍼드대학교 목회학논문, L.A: 쉐퍼드대학교 신학대학원, 2017, p.38.

22) 이선화 같은 책, pp.46-47.

23) 리처드 포스터, 같은 책, p.28.

24) 김형석, 연세대 철학과 명예 교수-'100세를 살아 보니' 동영상에서

25) 성경 인물은 성경에 기록되어 소개되거나 활동했던 인물을 말하며, 교회사 인물은 성경 기록 후 교회역사에 기록되거나 활동했던 인물을 말한다.

26) S. Young Pae, 「영성 지도력 계발」, 서울: 러빙터치, 2012, pp.34-49. 위 저작물의 저자의 허락을 받아 본 장에 적용을 위해 어렌지멘트하여 작성되었으며 본 교재의 연구의 방향으로 편집되어 소개했다.

27) Richard J. Foster, *Streams of Living Water*, Harper Collins, San Francisco, 1999, pp.159-160.

28) 존 포츠, 카리스마의 역사, 이현주역, 서울: 도서출판 더숲, 2010, pp.121-129.
'카리스마'(charisma)라는 용어는 원래, 기독교에서 사용했다. 첫 사용

자는 초대교회의 사도 바울이 AD 50~62년 쓴 편지에서 "하나님 은총의 선물"이라는 뜻으로 '카리스마'의 단어를 사용했다. 성경에 나오는 은사(恩賜)란 표현이다. 이후 카리스마와 '카리즘'(charism)이 동의어로 사용되었다. 카리스마란 말은 공동체 형성을 위하여 우리 마음 속에 살아 활동하시는 성령의 현존(現存)을 설명하기 위하여 사용되기 시작하였다. 사람마다 다양하게 받은 은사는 삼위 하나님 중 한 분이신 성령 하나님한테서 나온 것이며 동일한 목적을 위한 것이다.

이후 세속사회에서 널리 쓰이게 된 결정적 계기는 지배이론을 설명하던 사회학자 막스 베버를 통해서이다. 여기에 존 F 케네디는 카리스마적(카리즘) 매력이 갖는 정치적 이점을 인식시키는 데 큰 역할을 했다. 버락 오바마 미국 대통령(사진)도 카리스마적(카리즘) 자질을 기초로 폭넓은 지지를 받은 인물로 꼽힌다.

29) Athanasius, *The Life of Anthony and The Letter to Marcellinus, in the Classics of Western Spirituality*, trans. and intro., Robert C. Gregg, New York, Paulist, 1980, pp.33-81.

30) 마태복음 19:16-22, "어떤 사람이 주께 와서 이르되 선생님이여 내가 무슨 선한 일을 하여야 영생을 얻으리이까/ 예수께서 이르시되 어찌하여 선한 일을 내게 묻느냐 선한 이는 오직 한 분이시니라 네가 생명에 들어가려면 계명들을 지키라/ 이르되 어느 계명이오니이까 예수께서 이르시되 살인하지 말라, 간음하지 말라, 도둑질하지 말라, 거짓 증언 하지 말라,/ 네 부모를 공경하라, 네 이웃을 네 자신과 같이 사랑하라 하신 것이니라/ 그 청년이 이르되 이 모든 것을 내가 지키었사온대 아직도 무엇이 부족하니이까/ 예수께서 이르시되 네가 온전하고자 할진대 가서 네 소유를 팔아 가난한 자들에게 주라 그리하면 하늘에서 보화가 네게 있으리라 그리고 와서 나를 따르라 하시니/ 그 청년이 재물이 많으므로 이 말씀을 듣고 근심하며 가니라."

31) Richard J. Foster, 같은 책, pp.151-156.

32) Richard J. Foster, 같은 책, p.153.

33) St. Augustine, *Library of Christian Classics of The Confessions of St. Augustine*, Westminster, 1964, pp.291-305.

34) St. Augustine, *Concerning The City of God,* England, Penguin Books, 1980. pp.82-83.

35) 배수영, 「어거스틴의 내면세계로의 여행」, 서울: 예루살렘, 2002, pp.112-113.

36) 칼빈 기독교강요 Ⅱ, 2.6.

37) 칼빈주석시리즈-히브리서, p.282.

38) 칼빈주석시리즈-하박국, 학개, p.39.

39) Philip Yancey, *What's so amazing about grace?* : 「놀라운 하나님의 은혜」, 윤종석역, 서울: 한국기독학생회출판부, 2000, p,218.
하나님의 은혜에 푹 빠진 마틴 루터는 간혹 은혜 남용의 가능성을 일소에 부치곤 했다. 그는 친구 멜랑히톤에게 이렇게 썼다. "자네가 은혜를 전하는 자라면 가짜 은혜가 아니라 진짜 은혜를 전하게. 그리고 은혜가 진짜라면 가짜 죄가 아니라 진짜 죄를 지니게. 죄인이 되어 마음껏 죄를 짓게. 세상 죄를 지신 어린양만 보고 있으면 되네. 하나님의 풍성하신 영광을 통해서 말일세. 설사 하루 수 천 수 만 번 간음하고 살인한다해도 죄는 우리를 어린 양으로부터 갈라놓을 수 없다네".
루터의 이런 지나친 표현은 당연히 사람들의 비난을 불러 왔으며, 율법폐기주의자라는 비난을 받을만 하기도 하다. 그리스도인이 하루에 수천번 간음하고 살인할 수도 있다는 것에 놀란 사람들은 그 과장법에 대해

루터를 책망하고 나섰다. 성경은 어디까지나 은혜를 죄악에 맞서는 치유의 힘으로 제시한다(중략). 월터 트로비쉬(Walter Trobisch)는 말했다. "그리스도는 우리를 있는 그대로 받아주시지만 일단 그분이 받아 주시면 우리는 있는 그대로 남아 있을 수 없다." 다만 루터가 여기서 의도한 바는 남용할 여지가 있을 만큼 그 은혜가 너무도 크다는 것을 강조하려고 한 것으로 보인다.

40) 로마서 4:5-6, "일을 아니할지라도 경건하지 아니한 자를 의롭다 하시는 이를 믿는 자에게는 그의 믿음을 의로 여기시나니 일한 것이 없이 하나님께 의로 여기심을 받는 사람의 복에 대하여 다윗이 말한 바."

41) 요한복음 6:37, "내게 오는 자는 내가 결코 내어 쫓지 아니하리라."

42) 에베소서 2:7, "참고 선을 행하여 영광과 존귀와 썩지 아니함을 구하는 자에게는 영생으로 하시고."

43) "언약 사상이 그 기저를 이루는 개혁주의 신학이 교육과 훈련을 중시하나, 훈련이 하나님의 은혜를 이끌어내는 제 일 원인으로 보지 않는 것은 이러한 이유 때문이다. 따라서 개혁주의는 '훈련하는 대로 된다'는 훈련만능주의를 경계한다."

44) 이사야 55:1, "오호라 너희 모든 목마른 자들아 물로 나아오라 돈 없는 자도 오라 너희는 와서 사 먹되 돈 없이, 값 없이 와서 포도주와 젖을 사라."

45) 정일웅, 「기독교 신앙의 가르침」, 서울: 도서출판 풍만, 1987, p.63. 『칼빈은 그의 제네바 신앙교육서에서, 하나님을 신뢰할 수 있으려면, '먼저 그를 전능하시고 자비하신 자로 알아야 한다'(제 2과 9문)고 했고, 거기에 더 필요한 것은 '그가 우리를 사랑하시고 우리의 아버지요, 구세주이시길 원하심을 확신하고 있어야 한다'(제2과 12문) 고 했다. 그리고

그것은 '말씀을 통해 알 수 있다'(제2과13문)고 했다』.
요한일서 4:16, "하나님이 우리를 사랑하시는 사랑을 알고 믿었노니 하나님은 사랑이시라."

46) 요한복음 3:36, "아들을 믿는 자는 영생이 있고 아들을 순종치 아니하는 자는 영생을 보지 못하고 도리어 하나님의 진노가 그 위에 머무느니라."

47) 윌리암 캐리는 1761년 영국 노쓰 앰프톤셔(North amptonshire)에서 독실한 기독교인이며 직공인 에드먼드 캐리의 장남으로 태어났다. 캐리는 가정 형편이 어려워 국민(초등)학교를 졸업한 후, 17세 때부터 집을 떠나 구두 가게의 견습공이 되었다. 어릴 때부터 교회를 습관적으로 다녔기 때문에 신앙심이 없는 상태였다고 한다. 그러나 그후 진정한 그리스도인으로 변화되어 근대 선교의 아버지라고 불렸다.

48) cafe.daum.net/namcichal,
윌리암 캐리의 자료를 본 카페에 기본자료로 참고하여 편집했다.

49) 아도니람 져드슨(Adoniram Judson)은 1788년 메사츄세츠에서 한 회중교회 목사의 아들로 태어났다. 그는 16세에 브라운 대학교에 입학해 4년 과정을 3년 만에 수석으로 졸업할 정도로 수재였다. 하지만 그는 당시 '자연 신론'에 심취했던 친구로부터 악영향을 받아 방황의 세월을 보냈다. 그의 아버지는 회중교회 목사였고, 어머니의 눈물 어린 설득이 있었음에도 불구하고 저드슨은 20살이 될 때가지 구원받지 못했던 그였다. 그러나 어느날 회심의 기회를 맞아 그의 인생은 변화되었다.

50) 고아들의 아버지 죠지 뮬러는 1805년 9월 27일 독일의 크로펜슈타트에서 세무 공무원의 아들로 태어났다. 어린 시절 뮬러는 집 안 금고에 있는 아버지의 공금을 훔치는 한 불량 소년이었다. 어머니가 돌아가시던 밤에도 뮬러는 새벽 2시까지 카드놀이를 하며 술집에서 술을 마시는 탕

자였다. 그러나 그는 1825년 할레대학을 다니던 중, 한 토요 기도 집회에서 하나님의 사랑을 체험하고 자신의 지난 타락한 삶을 회개하였다. 그는 브리스톨에서 교육과 선교의 목적을 갖고 '성경지식 연구원'을 1834년에 설립하기도 했다.
m.apgujeong.org/core/mobile/board/board.html?Mode=view&boardID=.

51) 인도의 편잡 지역에서 시크족 대지주 집안의 아들로 태어난 선다 싱은 아주 어려서부터 부모와 함께 힌두사원에 다녔고, 힌두사상을 배웠다. 7살에는 '바가바드기타'를 암송하였고, 16살에는 베다를 독파하였으며, 요가도 배우고 이슬람의 쿠란도 정독하였다. 게다가 영국선교사가 운영하는 학교에 입학하여 기독교 성경까지 접하였다. 그러나 당시에는 성경으로부터는 아무런 감흥도 느끼지 못하고 힌두사상에 몰입한 상태였다.

52) [출처] 작성자 명상의 세계(신비주의, ㈜살림출판사), [네이버 지식백과-빛의 성자들].

53) 길선주 목사는 3.1 독립선언, 민족 대표 33인중 한명이며, 그는 평양신학교 최초의 졸업생이요 한국교회 최초의 한국인 목사로 장대현교회를 사역하면서 신앙생활과 교회행정 체계를 토착적으로 정립하였다. 1912년 제1회 조선예수교장로회 총회에 부회장 겸 전도국장을 맡아 해외선교사업을 추진했고, 1919년 독립청원을 목적으로 3.1 독립선언에 민족대표로 참여하였다.

54) 허호익, 「길선주 목사의 목회와 신학사상」, 대한기독교서회, 2009, pp. 47-51.

55) 오대원 목사(David E Ross)는 1960년 버지니아 주 유니온신학교를 졸업하고 이듬해 미국 남장로교 소속 선교사로 한국에 파송되었다. 1972년 예수전도단을 설립하고 1980년에 YWAM(Youth With A Mission)과

연합해 국내외적으로 사역을 감당했다. 1986년 이후 지금까지 미국에서 한인 2세들을 위한 안디옥 커넥션사역과 북한 선교를 하고 있다.
국민일보http://news.kmib.co.kr/article/view.asp?arcid=0003883662.

56) 미국 남가주대(USC) 철학과 교수로 '하나님의 모략' 저자인 윌라드 박사는 최근 한국 방문에서 '목회자의 길-제자도'에 대해 집중적으로 강연했다[국민일보 2011.7.19.기사 중].

57) 리처드 포스터, 같은 책, p.150.

58) 영성(Spirituality)은 종종 삶에서 영감을 주고 삶의 방향을 알려주는 원천인 것으로 경험하게 하는 영적인 힘이다. 또 영성은 비물질적 실재들을 믿는 것이나 우주 또는 세상의 본래부터 내재하는 성품(immanent nature) 또는 초월적인 성품(transcendent nature)을 경험하는 것을 뜻한다[다음 위키백과-철학용어사전].

59) S. Young Pae, 「영성지도력 계발」, 서울: 러빙터치, 2004, pp.18-20.

60) 옥한흠, 「제자훈련 인도자 지침서」, 서울: 국제제자훈련원, 2002, pp. 53-54.

61) 선언(declaration), 선언(서), 포고(문); 공표, 발표; (사랑의) 고백 등의 의미가 담겨있다.

62) 키에르케고르(Kierkegaard, Soören Aabye, 1813-1855).
그는 덴마크에서 출생했으며, 종교 사상가이자, 실존주의 사상의 선구자 중 한 사람이다. 코펜하겐 대학 신학과에서 수학. 청년 시절 종교에 대한 아버지와의 불화와 연애의 실패가 그 후 그의 사상에 커다란 영향을 미친 것으로 보여진다[네이버 지식백과-철학사전].

63) 코넬리우스 플란팅카, 「마음의 확신을 위한 묵상」, 최대형역, 서울:

도서출판 은성, 1997, p.176.

64) 본서, 제2장 ‘성경이 말하는 경건과 묵상’, pp.31-34에서 인용.

65) 본서, 제1장 ‘서론’과 관련된 pp.20-21에서 인용.

66) 불교. 힌두교. 타 종교, 한국 법정스님이 죽음 후 사리가 나옴, 동양적 묵상은 내성법 자신의 내면을 보는 것, 자신이 기준이 된다.

67) 인간이 신이다-신인 합일. 천인 합일. 주객 합일 표현으로 인간이 신이 되는 새로운 시대, 힌두교. 불교. 등 기(氣), 사상. 뉴 에지 운동 등을 말하고 있다. 이들의 세계관은 윤회설. 해탈. 의식의 진화론을 믿고 있다.

68) S. Young Pae, 「작은자 공동체 이루기」, 서울: 도서출판 이레아트, 1994, p.126.

69) S. Young Pae, 같은 책, p.127.

70) 1.오직 성경(SOLA SCRIPTURA)/2.오직 은혜(SOLA GRATIA)/3.오직 믿음(SOLA FIDE)/4.오직 그리스도(SOLUS CHRISTUS)/5.오직 하나님께 영광(SOLIDEO GLORIA).

71) 헨리에타 미어즈는 20세기의 가장 훌륭한 성경교사 가운데 한 사람이다. 그가 주일학교 사역을 시작한 교회는 온갖 거짓과 환상이 만연한 화려한 영화의 도시 할리우드에 있는 제일장로교회였다. 그러나 그곳에서 “죽으면 죽으리라”는 마음으로 3년 만에 주일학교를 450명에서 4,000명으로 부흥시켜 하나님은 불가능한 일을 가능케 하시는 분이라는 사실을 증명하였다. 미어즈는 금세기 최고의 복음 전도자 빌리 그레이엄, CCC 설립자 빌 브라이트, 전 미 상원의회 목사 리처드 핼버슨 등 400명이 넘는 기독교 전임 사역자와 다양한 분야의 리더를 길러냈으며 주일학교 교육의 거장이라 불리고 있다.

대표적인 저서로는 400만 부 넘게 보급된 『미어즈의 파노라마식 성경핸드북』(생명의말씀사), 『미어즈 성경핸드북』(아가페출판사)가 있으며, 오늘날 한국의 많은 기독교 대표 사역자들이 어린 시절에 성경공부 교재로 활용한 『복음의빛 공과』(생명의말씀사)를 집필했다. 미어즈는 1963년 3월 20일 주님의 품에 안겼다.

72) 메튜 헨리(1662~1714)는 영국의 뛰어난 신학자이자 설교가다. 그는 1687년 목사 안수를 받고 1712년까지 26년 동안 체스터에서 목회했다. 그후 런던 근교의 하그네이 교회에서 목회 중 1714년 세상을 떠났다.

73) 국내에는 1980년 경부터 기독교문사에서 신구약 총 45권으로 번역하여 출판되었다. 2008년에 크리스찬 다이제스트에서 출판된 한글판은 총 21권으로 되어 있다.

74) 유진 피터슨(1932~2018)은 1932년 미국의 워싱턴 주 이스트 스탠우드에서 태어나 몬태나 주의 캘리스펠에서 성장했으며, 시애틀 퍼시픽 대학에서 철학(B.A.)을, 뉴욕 신학교에서 신학(S.T.B.)을 공부하고, 존스 홉킨스 대학에서 셈어 연구로 석사학위(M.A.)를 받은 뒤 미국 장로교단(PCUSA)에서 목사 안수를 받았다. 1959년 뉴욕 신학교에서 성경 언어와 성경을 가르치는 한편, 교회에서 파트타임 목사로 일하기 시작하는데, 처음엔 오로지 생계를 위해 시작한 목사 일이었지만, 점차 자신의 목회 소명을 깨닫고 목회자의 정체성을 받아들이게 된다.
3년 뒤, 교수직을 사임하고, 메릴랜드 주의 작은 마을 벨 에어에서 '그리스도 우리 왕 장로교회'를 시작해 29년간 목회했다. 이후 피츠버그 신학교를 거쳐 캐나다 밴쿠버의 리젠트 칼리지에서 13년간 재직하면서 영성 신학을 가르쳤고, 2006년 은퇴한 후로는 몬태나 주의 시골 마을로 돌아가 아내와 함께 살면서 '목사'와 '작가'로서 걸출한 저작들을 남겼다. 성경을 이 시대에 맞는 언어로 번역하는 작업에 12년간 몰두한 끝에 2002년 『메시지 성경』을 출간했다[네이버 지식백과-해외저자사전].

75) https://392766.tistory.com/789 [Pensées]

76) https://392766.tistory.com/789 [Pensées]

77) 옥한흠, 「제자훈련 인도자 지침서-1」, 서울: 국제제자훈련원, 2006, pp.68-69. 본 장에서 경건의 실제, 2가지로 제시했다. 그중 '경건의 실제-2'(묵상 4단계)에 대한 TIP으로 자세한 묵상방법을 소개한다.

78) S. Young Pae, 같은 책, pp.108-109.

참고 문헌

*외국 서적

Athanasius, The Life of Anthony and The Letter to Marcellinus, in the Classics of Western Spirituality, trans. and intro., Robert C. Gregg, New York, Paulist, 1980.

A.W. Pink, *Practical Christianity*, Grand Rapid: Baker Book House, 1974.

St. Augustine, *Concerning The City of God*, England, PenguinBooks, 1980.

St. Augustine, *Library of Christian Classics of The Confessions of St. Augustine*, Westminster, 1964, pp.291-305.

*국내 서적

서승동, 「묵상」, 서울: 예수전도단, 2001.

이경섭, 「개혁주의 영성체험」, 서울: 예루살렘출판사, 2005.

이규현, 「묵상의 사람」, 서울: 두란노서원, 2018.

오대원, 「묵상하는 그리스도인」, 서울: 예수전도단, 2005.

옥한흠, 「제자훈련 인도자 지침서-1」, 서울: 국제제자훈련원, 2006.

정성구, 「아브라함 카이퍼의 사상과 삶」, 경기: 킹덤북스, 2010.

정성구, 「교회의 개혁자 요한 칼빈」, 서울: 하늘기획, 2009.

정일웅, 「기독교 신앙의 가르침」, 서울: 도서출판 풍만, 1987.

허호익, 「길선주 목사의 목회와 신학사상」, 서울: 대한기독교서회, 2009.

S. Young, Pae, 「칼빈 신학과 그의 후예들」, 서울: 리빙터치, 2019.

S. Young, Pae, 「어거스틴의 내면세계로의 여행」, 서울: 예루살렘, 2002.

S. Young, Pae, 「영성 지도력 계발」, 서울: 러빙터치, 2012.
S. Young, Pae, 「21세기 리더십 에세이」, 서울: 베드로서원, 2002.

*번역 서적

리처드 포스터, 「리처드 포스터의 묵상기도」, 김명희 역, 서울: 한국 IVP, 2011.
리차드 포스터, 「영적 성장을 위한 제자훈련」, 서울: 보이스사, 1991.
루스 맹갈와디, 비샬 맹갈와디, 「윌리엄 캐리와 성경의 문명개혁 능력」, 김정훈역, 서울: 예영커뮤니케이션, 1997.
하워드 테일러 부부, 「허드슨 테일러의 생애」, 오진관역, 서울: 생명의말씀사, 1990.
헤르만 리델보스, 「바울 신학」, 박영희 역, 서울: 개혁주의신행협회, 1991,
페이스 베일리, 「조지 뮬러의 생애」, 정영선역. 서울: 생명의말씀사, 1992.
필립 얀시, 「놀라운 하나님의 은혜」, 윤종석역, 서울: 한국IVP, 2000.
코넬리우스 플란팅카, 「마음의 확신을 위한 묵상」, 최대형역, 서울: 도서출판 은성, 1997.
팀 켈러, 「팀 켈러의 일과 영성」, 최종훈역, 서울: 두란노, 2014.
John 칼빈, 「칼빈 기독교강요 II」, 한철하 역, 서울: 생명의말씀사, 2002.

*논문, 주석, 저널, 동영상, 사이트

강병도, 「카리스 종합주석-시편1-27편」, 서울: 기독지혜사, 2011.
변종길, [화란 개혁교회의 영성과 경건을 중심으로], 서울: 사랑의교회 성경신학회 발표논문, 2000.
이선화, [현대 그리스도인의 성품 변화모색], 쉐퍼드대학교 목회학논문, L.A: 쉐퍼드대학교 신학대학원, 2017.
John 칼빈, 칼빈주석시리즈-히브리서, 서울: 성서교재간행사, 1994.
John 칼빈, 칼빈주석시리즈-하박국, 서울: 성서교재간행사, 1998.
John 칼빈, 칼빈주석시리즈-학개, 서울: 성서교재간행사, 2001.
[네이버 지식백과-교회용어사전].
[네이버 지식백과-철학사전].
[네이버 지식백과-해외저자사전].
[네이버 지식백과-라이프 성경사전 생명의말씀사].
[네이버 지식백과-빛의 성자들] 명상의세계(신비주의, ㈜살림출판사).
[다음 위키백과-철학용어사전].
김형석, 연세대 철학과 명예 교수-'100세를 살아 보니' 동영상에서.
국민일보http://news.kmib.co.kr/article/view.asp?arcid=0003883662
cafe.daum.net/namcichal.
https://392766.tistory.com/789 [Pensées].
m.apgujeong.org/core/mobile/board/board.html?Mode=view&boardID=.

묵상과 함께 떠나는 여정

건강한 그리스도인의 삶을 위한 묵상

A Journey *with* a Silent Prayer

첫 번째 찍은 날-2019. 05. 20
첫 번째 펴낸 날-2019. 05. 27

글쓴이-하태식
펴낸이-배수영
만든곳-도서출판 러빙터치 Jesus Loving Touch
펴낸곳-도서출판 러빙터치 Jesus Loving Touch
등록/제25100-2016-000073(2014.2.25)
서울 도봉구 덕릉로 66길 17, 주공 1709동 203호
010-3088-0191
E-mail : pjesson02@naver.com

저자 : Tae Sik Ha D.Miss., D.ICS.
Managing Director
YWAM 318 Ministry Inc.(YWAM318)
Tel: (+61) 02 9652-0680 Mob: (+61) 0416 174 318
서울: 010-3921-3180
www.ywam318.org/ Sydneycollege318@gmail.com
ywam318@hanmail.net